LES
PARVENUS

PAR

PAUL FÉVAL.

3

PARIS
ALEXANDRE CADOT, EDITEUR,
37, RUE SERPENTE.

1854

LES PARVENUS.

Ouvrages de A. de Gondrecourt.

EN VENTE:

Le Baron La Gazette.	5 vol.
Mademoiselle de Cardonne.	3 vol.
Aventures du Chevalier de Pampelonne.	5 vol.
Les Prétendants de Catherine.	5 vol.
Le Bout de l'oreille.	7 vol.
La Tour de Dago.	5 vol.
Un Ami diabolique.	3 vol.
Le Legataire.	2 vol.
Les Péchés mignons.	5 vol.
Médine.	2 vol.
La Marquise de Candeuil.	2 vol.
Les derniers Kerven.	2 vol.

Ouvrages du Marquis de Foudras.

EN VENTE.

Un Drame en Famille	5 vol.
Un Grand Comédien.	3 vol.
Le Chevalier d'Estagnol	6 vol.
Diane et Vénus	4 vol.
Madeleine Repentante (*suite du Caprice*).	4 vol.
Un Capitaine de Beauvoisis.	4 vol.
Jacques de Brancion	5 vol.
Les Gentilshommes chasseurs	2 vol.
Le Capitaine La Curée.	4 vol.
Les Viveurs d'autrefois	4 vol.
Les Chevaliers du Lansquenet	10 vol.
Madame de Miremont	2 vol.
Lord Algernon (*suite de madame de Miremont*).	4 vol.
La comtesse Alvinzi.	2 vol.
Lilia la Tyrolienne (*épuisé*).	4 vol.
Tristan de Beauregard (*épuisé*)	4 vol.
Un Caprice de grande dame (in-18)	3 vol.
Suzanne d'Estouville (in-18)	2 vol.

Ouvrage d'Alexandre Dumas.

LA COMTESSE DE SALISBURY.

6 volumes in-8.

On vend séparément les derniers volumes pour compléter la première édition

Imprimerie de E. Depée, à Sceaux

LES
PARVENUS

PAR

PAUL FÉVAL.

5

PARIS
ALEXANDRE CADOT, ÉDITEUR,
37, RUE SERPENTE.
—
1854

CHAPITRE DIX-SEPTIÈME

PETER BRISTOL.

—... Evaluer la fortune de cet homme-là, disait Des Garennes assis au milieu d'un cercle de Richard graves, — c'est chose impossible, même approximativement. En 49, il a prêté trois millions de dollars à la banque de New-Orléans pour l'empêcher de faire banqueroute.

— Quinze millions de francs! supputa Des Jardins, qui comptait presque aussi bien que le petit Massonneau, élève de l'École.

— Il aurait pu prêter le double sans se gêner, poursuivit Des Garennnes; — c'est une de ces maisons colossales, vis-à-vis desquelles notre Europe n'aurait point de comparaison, si les Rotschild n'existaient pas. Peter Bristol a comptoir au Canada, comptoir à Rio de Janeiro, comptoir à Panama, comptoir à Boston, à New-York et à Mobile. C'est lui qui possède les mines de plomb qui sont entre le lac Supérieur et le Mississipi. Ses mineurs ont remué les premiers la terre d'or de Sonora. Il a un chargé d'affaires au Cap, un ambassadeur à Canton. Ses vaisseaux couvrent la mer des Indes et la baie de Bengal !...

— Grandiose, dit Des Jardins, ce tableau-là !... et très bien fait !

— Ah ça, s'écria Du Taillis, — auprès de fortunes pareilles, trente-cinq bonnes mille livres de rentes c'est du pain sec et de l'eau !

— Si un homme comme ça était pris de

la manie américaine, dit La Luzerne, — et qu'on fût auprès de lui, pour lui être agréable, à ses derniers moments...

A ce mot de manie américaine, tous les Richard firent la grimace ; ils avaient honte, et le souvenir de leur grotesque campagne contre l'héritage fantastique de Stephen Williams les poursuivait comme un remords. La plupart d'entre eux cherchèrent furtivement de l'œil ce mauvais plaisant d'Américain, mais personne ne le vit. Stephen Williams avait disparu depuis la clôture du conseil de famille.

Le bal continuait, cependant, entre les jeunes gens et l'heureux Du Guéret, à qui l'orgueil et la joie ôtaient dix ans pour le moins. Petite mère mignonne avait essayé déjà deux ou trois fois de faire naître pour Trésor l'occasion de chanter quelque chose de long et de dramatique. La tante Noton, rouge et l'œil animé, avait pris à part madame Des Garennes:

— C'est fait! dit-elle, malgré les signes que multipliait la châtelaine pour l'engager au silence.

Comme Sophie Des Baliveaux était là tout près, aux écoutes, la châtelaine ne put que serrer la main de la tante Noton et lui glisser à l'oreille :

— Le cachemire est dans votre chambre.

— Messieurs, s'écria tout à coup de La Luzerne avec cette impétuosité des hommes sujets au calembourg, — je vous propose d'exclure l'artiste de la famille.

— Ah! ah! voyons, voyons! s'écrièrent les amateurs de bons mots en s'approchant.

M. Des Garennes avait froncé le sourcil. — Ce n'était pas pour le roi de Prusse qu'il avait entamé cette poétique et pompeuse description de la maison Peter Bristol; La Luzerne venait lui arracher son public au bon moment.

— Voyons! dit-il avec mauvaise humeur; — avec vous, mon cher cousin, il est impossible de causer raison deux minutes.

— Le fait est que je ne vieillis pas, reprit La Luzerne, qui prit cela pour un compliment; à soixante-et-dix ans je serai encore jeune.

— Mais pourquoi exclure ce pauvre Pain-Sec ? demanda Du Taillis.

— Vous attendrez bien que ma femme soit là, objecta Massonneau aîné, — pour prendre une détermination aussi grave?

Le cercle s'était fait autour du gai La Luzerne, qui regarda son public en homme habitué au succès, et dit :

— Je veux exclure Pain-Sec de la famille, parce qu'il est peintre sur verre et que ce n'est pas là un *riche art !*

Quelques-uns comprirent tout de suite et ricanèrent ; quand ceux-ci eurent fini de rire, les intelligences de seconde main saisirent à leur tour et éclatèrent. La troisième couche vint ensuite ; puis, après tous les autres, Massonneau aîné qui se divertit bien de confiance.

Ce fut un succès de peloton.

— Passable ! décida Des Jardins.

— La Luzerne était sur la voie depuis le potage, dit Du Taillis; l'enfantement a été pénible.

— S'il avait seulement placé ça pendant le conseil de famille ! appuya madame Augusta, qui était venue à l'appel de son époux.

L'artiste avait tiré de sa poche un vaste portefeuille luisant et huileux, sur lequel il se mit à crayonner une note.

— Que fais-tu donc là, Pain-Sec? demanda-t-on de toutes parts.

— Je complète ma théorie des couleurs, répondit-il ; je n'avais de jaune que le soleil, les pantalons de Nankin, les monnaies d'or, les canaris et les jonquilles..... J'ajoute à cette liste le sourire du cousin de La Luzerne, quand il rate un calembourg.

Cette fois, ce fut un tonnerre de gaîté ; les dames qui n'avaient pas le *bon genre* de petite mère mignonne poussèrent de véritables cris ; Du Taillis jura trois ou quatre saquerbleu ! en l'honneur de l'artiste, et Des Jardins lui-même, juge impartial, prononça :

— Bonne, la riposte ! positif !

La Luzerne, mal jugé par ces profanes, se promit d'en appeler ultérieurement aux adeptes qui fréquentent le foyer des Variétés.

Cependant, l'incomparable Julie avait vu de loin le danger de cette diversion. A quelque chose malheur est bon; d'un coup-d'œil elle jugea qu'elle pouvait profiter de ce cercle tout fait et de cette attention éveillée. Au moment où madame Des Jardins, qui avait la même idée qu'elle, disait à sa charmante fille : — Eh bien, Trésor, si tu nous chantais maintenant quelque chose? la châtelaine entra dans le groupe, et s'adressant à son mari :

— Nos parents, dit-elle, seraient peut-être bien aise de voir un autographe de ce fameux Peter Bristol dont tu leur as parlé tout à l'heure.

Des Garennes fouilla aussitôt dans sa poche. Pendant qu'il cherchait, la châtelaine continuait :

— La vie de ce Peter-Bristol est plus curieuse que bien des romans ; je donnerais beaucoup pour la connaître en détail ; ce que j'en sais pique ma curiosité au plus haut point, quand on pense que cet homme, dont la fortune égale et dépasse celle des rois, est arrivé un jour d'Angleterre, le sac sur le dos et la bourse plate ! Il n'avait rien, pas un dollar vaillant !... Il se fit, dit-on, déchargeur sur le port de Boston, et amassa quelques livres à force de travail. Comme il avait dit en débarquant qu'il était de Bristol, on lui donna le nom de cette ville. — Au bout de deux ans, il cessa de travailler de ses mains, et jeta sur la place le premier papier signé Peter Bristol; son crédit s'établit du jour au lendemain. Sa maison avait à peine deux ou trois années d'âge qu'il était déjà plusieurs fois millionnaire.

— La chance... fit Du Taillis. — Et puis, dans ces pays-là...

— Eh bien, mon ami, tu ne trouves pas? dit la châtelaine à son mari.

— Je voudrais mettre la main, répondit Des Garennes, sur la lettre où il me parle de la banque de Panama, soixante pour cent de bénéfices !

Il y eut un silence ; les Richard qui avaient des capitaux disponibles réfléchissaient déjà.

— Mon Dieu, peu importe la lettre, reprit madame Des Garennes, — il s'agit seulement de montrer à nos parents l'écriture de cet homme qui aura, sans aucun doute, son nom dans l'histoire contemporaine.

— Dites donc, cousin Thomas, insinua Des Jardins, vous savez que je fais collection. J'ai obtenu l'autre jour un lord Palmerston et un Robert Houdin : si vous pouviez disposer en ma faveur de quelques lignes, ça me ferait plaisir.

— J'en ai des masses! répliqua Des Garennes qui retournait ses poches.

— Vous sentez, poursuivait la châtelaine, — que l'envie ne tarda à naître autour de cet astre dont le lever était si brillant. Je vais vous rapporter un fait très-curieux et qui tiendrait assurément sa place dans un livre.

Peter Bristol marquait déjà parmi les principaux négociants de Boston ; ses amis songèrent à lui conférer, je ne sais quelle magistrature consulaire, la place d'échevin, je crois. Vous avez entendu parler, comme tout le monde, des élections américaines ; cela se fait, comme en Angleterre, à coups de rhum, à coups de poing et même à coups de bâton. Peter Bristol fut nommé, malgré une opposition très vive ; mais ses adversaires firent émeute dans la ville et demandèrent à tout le moins que le nouveau magistrat justifiât de sa naissance.

Peter Bristol dit : Donnez-moi trente jours. Un paquebot mit à la voile sur-le-champ, et le trentième jour on aperçut ses hautes vergues au nord du cap Cod.

Les rues s'emplirent aussitôt ; la curiosité avait grandi, le peuple se mettait de la partie.

Boston tout entier descendit au bord de la mer, quand la chaloupe du paquebot traversa la rade. Le capitaine était dans la chaloupe et tenait à la main un coffret d'argent ciselé. On prit terre; les magistrats étaient assemblés à la maison commune pour attendre l'acte de naissance de Peter Bristol.

La foule, désertant la grève, s'était massée aux abords de l'hôtel de ville.

Le coffret contenait un parchemin scellé

aux armes de la reine et portant le cachet municipal de la ville de Bristol.

C'était un acte de naissance, en effet, signé par le maire de la seconde cité des trois royaumes et par les douze aldermen. Par cet acte que vous trouverez bizarre, mais qui est bien dans les mœurs de nos voisins, la ville de Bristol donnait à l'illustre banquier le titre de fils chéri, et se constituait authentiquement sa mère.

Les murailles de l'hôtel de ville faillirent crouler sous les bravos, et Peter Bristol fut proclamé premier échevin.

— Original; dit Des Jardin, — excentrique, même!

— Mais cette banque de Panama, reprit Du Taillis, — est-elle par actions?

Ce bonhomme avait presque envie de faire produire annuellement cinquante mille écus à ses trente-cinq mille livres de rente.

— Par actions? répéta Des Garennes d'un air distrait: — sans aucun doute, mon cousin. Je ne sais pas où j'ai pu avoir mis cette coquine de lettre!

— Est-il marié? demanda madame Des Jardins, qui caressait Trésor du regard.

— Non, ma cousine... Je l'avais encore

tout à l'heure cette lettre! Enfin, n'importe, en voici une autre, et comme dit ma femme, vous pourrez toujours voir l'écriture.

— On juge un homme d'après son écriture, prononça sentencieusement Des Jardins, qui ôta ses lunettes de leur étui.

Des Garennes dépliait cependant la fameuse lettre qu'il avait déjà montrée à Gayet dans la matinée. On se pressa autour de l'autographe; ceux qui ne pouvaient arriver au premier rang se haussaient sur leurs pointes.

— Beau ! très beau, ce corps d'écriture ! fit Des Jardins le premier, — remarquablement beau !

Madame Augusta, qui avait appris bien tardivement cet air ingénieux de peindre la parole et de parler aux yeux, trouva que M. Favarger était plus fort pour les capitales.

— Il y a une certaine manière d'incliner les lettres, dit Du Guéret, qui annonce une grande distinction chez cet homme-là.

— Et les déliés ! s'écria La Luzerne, — voyez un peu les déliés !

— Le fait est que ces déliés ne sont pas à tout le monde ! approuva l'artiste.

— Savez-vous ce que je remarque, moi ? reprit Des Jardins, qui se redressa : — Il barre ses T en cerceau.

— C'est pourtant vrai ! les deux T de *crédit illimité* sont barrés en cerceau.

Ce fut Des Garennes qui fit cette observation, et, par cette voie habile, chaque Richard apprit que Des Garennes avait un crédit illimité chez Peter Bristol.

— Ça doit prouver de la rondeur, dit La Luzerne.

— Et les A, interrompit Des Jardins; — il ne forme pas les A.

— Vous avez raison, mon cousin, répliqua Des Garennes; voyez : *cordialité*, l'A est plein.

— Moi, je suis étonnant pour l'observation! avoua Des Jardins. — Positif! Avec deux lignes de l'écriture d'un homme, je vous dirai s'il est fort ou faible, malade ou bien portant...

— Blond ou brun, interrompit de La Luzerne.

— Et surtout s'il écrit bien ou mal, acheva Pain-Sec.

— Mais saqueurbleu! saqueurbleu! s'écria Du Taillis, ça ne dit pas si on peut avoir des actions dans cette Banque de Panama, qui rapporte soixante pour cent.

— Tu n'as qu'à lire la lettre, repartit le petit veuf, se faisant tout naturellement le compère de Des Garennes, vois comme on y traite notre cousin. Si notre cousin veut, tout le monde ici aura part à cette bonne aubaine.

Le conseil fut suivi; on lut la lettre au

lieu de regarder l'écriture. Nous savons ce qu'était cette lettre par l'effet qu'elle avait produit déjà sur l'agent de change. La fièvre d'or prend volontiers les enrichis; c'est contagieux; c'est foudroyant. Tous les Richard firent le même rêve et virent s'ouvrir le ciel californien. Madame Des Garennes, riant sous cape et triomphant à part elle, prit le rôle de calmer ce transport. Elle donna d'excellents conseils, disant que tout était heur et malheur dans l'industrie; qu'on ne pouvait pas savoir, etc., etc. Mais l'élan était donné; avant que M. Des Garennes eût eu le temps de replier la précieuse lettre, chacun essayait de le tirer à soi et de conquérir quelqu'une de ces actions qui étaient le Pérou. Il n'y avait plus qu'à se défendre contre cette ardeur de verser, et la caisse de la maison Des Garennes allait être trop petite pour recueillir cette pluie dorée.

Prenez! prenez! prenez! Les prudents comme les étourdis, Du Jardin et Du Taillis, aussi bien que de La Luzerne et Pain-Sec, les avares et les prodigues, les pauvres comme les riches, Sophie Des Baliveaux, le substitut, la tante Noton, les Massonneau : il eût fallu cent mains pour recevoir.

Au plus fort de ce délire de confiance, on entendit un bruit dans la direction du perron. Un domestique entra d'un air affairé dans la salle de bal et vint parler à l'oreille de madame des Garennes ; celle-ci se tourna vivement vers le château.

— Qu'on le fasse entrer! s'écria-t-elle.

— Il est entré, madame, répliqua le domestique.

— Qu'est-ce donc? demanda Des Garennes, contrarié de cette interruption.

Sa femme lui fit un signe de tête mystérieux, et prononça des lèvres seulement le nom de Robinson. Le châtelain devina, et une certaine émotion parut sur son visage.

— Certes! certes! dit-il, — qu'on le fasse entrer sur-le-champ; ou plutôt je vais aller à sa rencontre.

Madame Des Garennes l'arrêta au passage.

— Il n'aime pas le zèle, vous savez, murmura-t-elle. Restez.

Ce colloque avait préparé les Richard à l'arrivée de quelque grand personnage; leurs regards curieux essayaient de percer l'obscurité qui régnait au-delà du salon de verdure. L'affaire des actions était remise indéfiniment. Chaque Richard rentrait tout doucement en lui-même. La

Luzerne guettait un calembourg ; l'artiste pensait que si on lui donnait une lettre de recommandation pour ce Peter Bristol, il pourrait importer avec fruit le bel art de la peinture sur verre au sein du Nouveau-Monde : petite mère mignonne nourrissait l'espoir de faire enfin chanter Trésor.

Pendant cela, Robinson, ou plutôt, ce pauvre diable de Vauthier, que nous avons vu à l'auberge du Cheval-Blanc dans une position si fâcheuse, traversait le jardin pour gagner la salle de bal. A moitié chemin, il se sentit toucher l'épaule et se retourna.

— Vous avez les traites ? lui demanda une voix connue.

Stephen Williams était auprès de lui.

— Oui, mon digne monsieur, répondit Robinson ; — mais je crois qu'on donne fête au château, ce soir, et, suivant mon humble avis, ce n'est guère le moment...

— Je ne vous ai pas demandé votre avis, monsieur Vauthier, interrompit Stephen Williams séchement.

L'aventurier s'inclina.

— Je suis à vos ordres, murmura-t-il.— Alors, il faut présenter les traites tout de suite ?

— Oui.

— Au milieu de cette réunion ?

— Oui.

— Il y a néanmoins à garder, je pense, quelques ménagements...

— Il n'y a aucune espèce de ménagements à garder.

— Mais... voulut objecter Vauthier.

— Je le veux ! interrompit Stephen Williams d'un accent impérieux, — allez !

Ils étaient à dix pas de la voute de verdure qui servait de porte à la salle de bal. Stephen Williams se glissa derrière la charmille et alla s'asseoir tranquillement dans un coin; il aperçut Roland, qui rôdait aux alentours.

— Entrez! entrez! lui dit-il; c'est le moment.

Le domestique que madame Des Garennes avait placé en sentinelle à la porte prononça d'une voix haute et emphatique:

— M. Robinson, représentant de la maison Peter Bristol, de Boston!

Ce fut un véritable coup de théâtre. Sans le savoir, Des Garennes et sa femme avaient préparé magnifiquement cette entrée. Les Richard, éblouis, ouvrirent de grands yeux pour voir couler le Pactole; il leur semblait que cette fameuse banque de Panama, qui donnait soixante pour cent d'intérêt, avait pris un corps pour se présenter au milieu d'eux.

Le châtelain et la châtelaine grandissaient à la taille des géants; leur supériorité croissante écrasait la tribu; il n'y avait pas jusqu'au petit veuf, qui, à cause de son alliance avec les Des Garennes, n'eût une auréole rayonnante autour du front.— C'en était trop; la jalousie mordait à belles dents tous les membres de la famille, et si les Richard avaient eu le don d'appeler la foudre, la foudre serait tombée sur les maîtres du château.

On vit paraître un homme assez mal habillé et qui semblait embarrassé de sa personne. Des Garennes et sa femme allèrent le prendre pour le conduire triomphalement à la place d'honneur. Sur son passage, la tribu, recueillie, s'inclina, ne voulant voir dans sa chétive apparence qu'une marque d'excentricité.

— C'est vous qui êtes monsieur Des Garennes? dit Vauthier, d'une voix étouffée.

— Moi-même, répondit le châtelain en

souriant, — bien heureux de l'honneur que...

— Du plaisir... ajouta l'incomparable Julie, qui fit sa révérence de grande dame.

Vauthier avait fait bien des métiers en sa vie ; mais il n'avait jamais été huissier. Il ignorait l'art d'assassiner les gens avec calme et politesse. Sa répugnance même le rendit brutal, et Stephen Williams n'aurait pu mieux choisir, puisqu'il voulait frapper un coup de massue.

— Voilà qui est bon, dit le prétendu Robinson, qui s'arrêta court au milieu du salon, — assez de politesse comme cela, s'il vous plaît! — J'ai ici pour un million six cent mille francs de traites sur vous : êtes-vous en mesure de les acquitter?

La tribu Richard ondula comme une mer. — Des Garennes, plus pâle qu'un mourant, regarda sa femme, qui, plus forte, essayait encore de faire bonne contenance.

Robinson tenait à la main les effets dépliés.

Il y eut un silence véritablement solennel. — En ce premier moment, la poitrine de tous les Richard bondissait de joie. La foudre était tombée. Personne n'agitait précisément la question de savoir si la maison Des Garennes pourrait ou non payer. On ne voyait que le coup asséné violemment en plein visage, et l'on applaudissait de cœur en le voyant si bien porté.

Ces Des Garennes orgueilleux, ces parvenus des parvenus, ces gens qui recevaient leurs parents humiliés dans un château de quinze cent mille francs!

— Étonnant! fit le respectable Des Jardins, d'une voix que la joie faisait trembler, — positif!

— Est-ce ça qu'on appelle en Amérique un crédit illimité? demanda La Luzerne.

— Saqueurbleu! grondait Du Taillis, — rien que ça de lettres de change!

L'artiste mangeait ses moustaches grisâtres et pensait:

— Tiens! tiens! nous allons rire!

Sophie Des Baliveaux aiguisait ses longues dents de vieille fille, et la tante Noton se complaisait à l'idée que le cachemire de l'Inde était en lieu de sûreté, avec les pendants d'oreille. — Massonneau aîné cherchait à lire sur les traits de sa femme l'opinion qu'il fallait se faire de tout ceci.

— Petite mère mignonne, dit Trésor,

dont le cœur naïf laissa échapper toute la pensée Richard, — si on vend chez ma cousine Des Garennes, nous viendrons acheter, n'est-ce pas?

— J'attends, dit Robinson, sans regarder ses victimes.

— Mais, monsieur, il me semble... voulut objecter Des Garennes.

— J'attends! répéta Robinson.

Des Garennes se rapprocha de sa femme vivement.

— Avec la réserve qui est entre tes

mains, dit-il, et les cinq cent mille francs du cousin Du Guéret, nous pourrons payer.

La châtelaine ne répondit point, et Des Garennes s'élança vers le futur époux de Camille. — Mais le petit veuf recula comme s'il eût vu se dresser devant lui un serpent.

— Bon! pensèrent les Richard, en savourant ce second coup.

Des Garennes revint à sa femme et balbutia :

— La réserve! Il nous reste du moins la réserve!

La châtelaine était verte.

— Vous jouiez à la Bourse, prononça-t-elle entre ses dents serrées, — moi aussi !

Des Garennes laissa tomber ses deux bras le long de ses flancs. Ce mouvement fut si expressif que la joie charitable des Richard se changea soudain en épouvante; chacun d'eux songea à son argent placé dans la maison Des Garennes. Et vous eussiez vu toutes ces faces triomphantes pâlir et s'attrister en même temps.

— Saqueurdienne ! s'écria Du Taillis, — regardez celui-là il tremble la banqueroute !

— A craindre, fit timidement Des Jardins; — sérieusement à craindre!

L'artiste avait de la sueur aux tempes, et La Luzerne perdait toute envie de chasser au calembourg.

On regarda Des Garennes accablé pendant quelques secondes, puis un cri unanime et plaintif s'éleva :

— Mon argent! mon argent!

Puis le détail:

— Mes cent mille francs!... mes vingt

mille francs!... mes trente mille francs!...

Les Richard avaient des voix à fendre l'âme; leur avarice aux abois pleurait du sang.

Du Taillis, Des Jardins, Pain-Sec, madame Augusta, la tante Noton et le reste s'élancèrent d'un commun mouvement vers Des Garennes pétrifié; ils le secouèrent; les ongles de Sophie Des Baliveaux entrèrent dans sa chair.

— Mon argent! mon argent! mon argent!

— Escroquerie! prononça Des Jardins; — honteux!

— Abus de confiance ! dit le substitut.

— Vol, détournement, banqueroute frauduleuse !

— En prison !...

— Au bagne, saqueurbleu ! au bagne !

A ce mot, Des Garennes se redressa.

— Monsieur, dit-il se tournant vers Robinson, — donnez-moi du temps et je payerai.

Il avait trouvé quelque dignité au fond de son malheur.

— Oui, tu payeras! grinçaient les Richard, — ou malheur à toi, scélérat!

En ce moment, d'autres voix s'élevèrent en dehors du cercle, et ces voix criaient en chœur:

— Nos gages! nos gages!

C'étaient les domestiques du château qui venaient faire leur partie dans ce concert lugubre.

Madame Des Garennes n'avait pas bougé depuis le commencement de cette scène, on vit un court tressaillement passer le long de ses membres; sa joue livide se colora ; elle releva sur ses parents un regard qui les fit instinctivement reculer.

— Nous ne sommes pas vaincus encore ! dit-elle.

Puis, montrant Robinson d'un geste assuré, elle ajouta :

— Cet homme doit être un imposteur.

Des Garennes respira, tant il avait confiance dans les ressources de sa femme. Et, par le fait, le prétendu Robinson parut hésiter. Durant un instant, les Richard purent regretter de s'être avancés si loin.

La châtelaine mesura d'un coup d'œil le terrain qu'elle venait de regagner. Il n'en fallait pas tant pour lui rendre son assurance.

— La maison Des Garennes, reprit-elle en trouvant la force de sourire avec ironie, — est à Paris, rue du Helder, et non pas ici. Depuis quand présente-t-on les effets de commerce à la campagne ?

Vauthier ne répondit point. Il sentait la parfaite justesse de cette observation.

— Il est dix heures du soir, poursuivit la châtelaine, aiguillonnée par le regard d'admiration que lui jeta son mari ; — voilà déjà bien du temps que nous dansons aux lumières... Depuis quand présente-t-on les effets de commerce après le coucher du soleil ?

Robinson, décontenancé, cherchait de l'œil son patron.

— Solide ! pensait Des Jardins ; mieux plaidée que par bien des agréés, la question de droit !

Les autres Richard se donnaient des coups de coude. Du Taillis, homme d'action, songeait à offrir son aide pour jeter dehors ce personnage.

— Ah ! Julie !... commença Des Garennes émerveillé.

— Laissez, monsieur! interrompit la châtelaine fièrement; — ce n'est pas parce que cet homme agit illégalement que je l'ai deviné pour un imposteur; c'est parce qu'il est impossible, — de toute impossibilité, — que Peter Bristol, notre correspondant et notre ami, ait chargé quelqu'un de nous traiter avec cette odieuse rigueur!

— Madame, prononça une voix grave, qui s'éleva derrière l'incomparable Julie et qui la fit retourner en sursaut, — en Amérique, nous avons l'habitude de traiter les gens comme ils le méritent.

La châtelaine resta bouche béante à regarder Stephen Williams, qui était debout à ses côtés. — Un murmure parcourut l'assemblée. C'était une nouvelle péripétie.

— Nous savons notre métier, reprit Stephen Williams froidement. — Les traites ont été présentées en temps utile à la caisse de la maison Des Garennes, rue du Helder, à Paris... l'huissier attend.

L'Américain se tourna vers Vauthier et prit un ton de commandement péremptoire.

— Monsieur Robinson, dit-il, — je veux que ce papier soit chez l'huissier avant le jour... hâtez-vous... Voici monsieur Richard Du Guéret qui m'a fait offre, ce matin, de son tilbury, et qui ne se dédira point, j'espère...

Le petit veuf cria de sa voix flûtée :

— Attelez !

C'était pour achever le père et la mère de son ex-fiancée qu'il prêtait si gracieusement, ce Richard aux cheveux jaunes, son tilbury à ressorts contrariés, à timon brisé compensateur, — système Spindler.

Robinson, qui ne demandait pas mieux que de voir son rôle fini, fit un pas pour sortir du cercle.

— Arrêtez ! s'écria madame Des Garennes ; — j'en appellerai, s'il le faut, à
Peter Bristol lui-même !

— Je ne vous le conseille pas, madame,
dit l'Américain, qui redressa sa taille haute
et imposante ; — Peter Bristol vous con-
damnerait... C'est moi qui suis Peter Bristol !

— Ah !... fit la châtelaine frappée de
stupeur ; — vous !... Peter Bristol !

Elle s'affaissa, vaincue, dans les bras de
Roland, qui, seul, s'était élancé pour la
soutenir.

L'instant d'après, la salle de bal présentait un singulier spectacle. Robinson s'était éloigné sur un signe de son maître; les domestiques, profitant de ce moment d'anarchie, s'asseyaient pêle-mêle sur les banquettes et tenaient conseil. Le fidèle Bertois parlait de faire arrêter Des Garennes, ce soir même. — A l'autre extrémité de la salle, les Richard entouraient Peter Bristol, comme s'il eût été un roi ou même un Dieu. — Dans un coin, Des Garennes et sa femme, tombés tout à coup au plus profond de la ruine, restaient seuls et abandonnés. Il n'y avait auprès d'eux que Camille, la pauvre enfant qu'ils avaient voulu sacrifier, et Roland qu'ils avaient condamné à l'exil.

Toinette et le père Morin, les bonnes

gens, se tenaient pourtant sous la charmille, plus près d'eux que des autres groupes. Toinette montrait à son père l'Américain, dont le beau et fier visage s'éclairait vivement aux lueurs des girandoles.

— Quand je te disais, murmurait-elle avec une admiration mêlée de crainte, —quand je te disais que c'en était un, moi!...

CHAPITRE DIX-HUITIÈME

LA LETTRE

A trois ou quatre cents pas du bourg de Trèves, il y avait une pauvre maison, composée d'un seul étage et dont le toit, recouvert d'ardoises rougeâtres, portait de gros paquets de mousse et de joubarbe.

Un tout petit champ de pommes de terre s'étendait sur la droite ; à gauche c'était une lisière étroite où croissaient quelques fleurs d'automne. Devant la maison, le sol descendait en pente insensible et gagnait la Loire à travers les plantureuses chanvrières.

Quelques semaines s'étaient écoulées depuis les événements que nous avons racontés ; on était au commencement de septembre ; les arbres avaient échangé leur verdure uniforme contre les couleurs riches et variées des derniers jours de l'été ; le vent chassait déjà par les sentiers des tourbillons de feuilles mortes.

La brune commençait à tomber ; les

derniers sons de l'*Angelus* du soir tintaient encore au clocher de Trèves, et les énormes voiles des chalands de la Loire, gonflées comme des ballons, disparaissaient dans le brouillard naissant. Un homme était assis au seuil de la pauvre maison. Il portait une blouse de toile grise, et un chapeau de paille à larges bords se rabattait sur son front; ses deux coudes s'appuyaient contre ses genoux, sa tête était entre ses mains : il ne bougeait pas. — Derrière lui, dans la chambre d'entrée, un jeune garçon et une jeune fille étaient assis l'un auprès de l'autre. La jeune fille avait une petite robe d'indienne et un simple mouchoir autour du cou; ses beaux cheveux se nouaient négligemment sur son front; elle travaillait à un ouvrage de couture. Le jeune garçon la regardait avec tristesse. Celui-là, nous l'eussions reconnu, parce qu'il n'avait point changé de costume : c'était Roland Richard, avec sa veste de chasse et son pantalon de coutil.

Les bonnes gens de Trèves rentraient après la journée faite. Les pâtours s'en revenaient en chantant, et les laboureurs poussaient devant eux leurs attelages. —

On aurait pu remarquer que tous, laboureurs et bergers faisaient un grand circuit comme pour ne point passer devant la porte de la maisonnette. Il y en avait qui s'arrêtaient au loin et qui, cachés derrière les arbres, montraient du doigt l'homme assis sur le seuil. On chuchotait, on secouait la tête en haussant les épaules, et l'on passait. Ceux qui étaient obligés de suivre le sentier voisin pressaient le pas et soulevaient leurs chapeaux comme à contre-cœur.

Il y en eut un pourtant qui n'imita point l'exemple commun et qui affecta de passer tout auprès de la pauvre maisonnette; celui-là n'était point un paysan du bourg de Trèves; il portait encore la livrée du château.

— Bonjour, monsieur Des Garennes! dit-il d'un accent railleur, en s'arrêtant court au milieu du chemin.

L'homme assis sur le seuil tressaillit et ne releva point la tête.

— On a vendu les bijoux de madame, hier, reprit le domestique avec complaisance; c'est madame Des Jardins qui a eu la parure en brillants. Aujourd'hui on a commencé la vente de l'écurie. Monsieur Du Guéret et monsieur Du Taillis ont acheté...

Le domestique s'arrêta brusquement, parce que, derrière le chapeau de paille immobile, la tête menaçante de Roland venait de se montrer.

— Bon, bon ! grommela le maraud en

reprenant sa route, — je voulais m'amuser un peu... mais je ne vous veux point de mal à vous, monsieur Roland... Si monsieur et madame vous avaient ressemblé, tout le pays ne dirait pas : c'est pain bénit ! en voyant leur mauvaise chance.

Il disparut au détour du sentier.

— Merci, Roland, murmura Camille dont les pauvres jolis doigts lassés pouvaient à peine manier son aiguille.

Elle se leva, parce que le jour lui manquait.

— Père, dit-elle en se rapprochant du

seuil, — il faut rentrer. Tu n'es pas bien et le froid du soir va te prendre.

L'homme au chapeau de paille se redressa enfin. Les parents et amis de M. Richard Des Garennes auraient pu le voir aujourd'hui sans le reconnaître ; le changement de costume n'était rien auprès de la transformation lamentable qui s'était opérée chez l'homme lui-même.

Quelques semaines auparavant, M. Des Garennes était un dandy entre deux âges, à la figure insignifiante mais prospère, au teint fleuri, à l'œil brillant, à la taille ronde et dodue. Maintenant c'était presque un vieillard; il n'avait pas eu le temps de maigrir, il s'était affaissé; ses joues tombaient, ses yeux n'avaient plus de rayons et l'ensemble de sa physionomie exprimait une sorte d'engourdissement imbécile. Vous eussiez dit un de ces pauvres êtres que la foudre a touchés sans les tuer tout à fait, et qui restent parmi les vivants comme un objet de compassion. C'est que la foudre, en effet, l'avait frappé. Du jour au lendemain, son bonheur, dont il était si fier et que tout le monde enviait; sa fortune, qui le rendait si orgueilleux et qui faisait tant de jaloux; son crédit, son luxe, tout s'était évanoui comme un rêve. On l'avait mis en faillite. — Et ne dites pas : Qu'est-ce que cela! vous qui voyez autour de vous tant de faillites gaîment supportées. Il y a faillite et faillite. Nous connaissons tous la faillite aimable, qui enrichit et conduit aux honneurs. Assurément, M. Des Garennes, soutenu par sa femme, l'incomparable Julie, eût été de taille à faire un de ces naufrages heureux ; il eût sauvé la cargaison, n'en doutons point, si on on lui avait laissé le temps de construire le moindre radeau. Mais l'orage avait été soudain ; à peine avait-il pu s'élancer sur le rocher sauveur tandis que sombrait son opulence.

Et c'est chose merveilleuse, comme notre comparaison de naufrage à faillite est bien trouvée. Pour le malheureux, victime du ciel et de la mer, il y a quelque chose de plus cruel que les éléments déchaînés, ce sont les sauvages qui viennent

en hurlant l'attaquer tout nu, afin de se
repaître de sa chair.

Ici, les anthropophages étaient remplacés avantageusement par la tribu Richard.

Aussitôt que ce terrible Peter Bristol eût fulminé l'arrêt de mort de la maison Des Garennes, chaque Richard se sentit croître au bout des doigts des ongles crochus et barbelés. Le protêt n'était pas même fait, la position légale de Des Garennes n'avait point changé. Mais il s'agissait bien de position légale. La conquête est aussi un droit. Les Richard prirent d'assaut le château comme aurait pu faire Cœur-de-Lion, le fabuleux aïeul de M. Des Jardins; les domestiques, complices, se mirent à leurs ordres, et le fidèle Bertois livra les clefs au conseil de régence, composé des principaux membres de la tribu.

Chaque Richard avait fait un retour sur lui-même. Il s'était dit qu'en pareille occurrence il lui suffirait d'une nuit pour déménager sa maison ; en une nuit, l'incomparable Julie pouvait, selon l'avis général, emporter jusqu'aux murailles du château : — une maîtresse femme ! — il fallait lui lier les quatre membres et monter encore la garde autour des valeurs. Cela fut fait rigoureusement. Dans ces familles bien constituées, on n'a point de vaines délicatesses. La guerre était déclarée : en temps de guerre on ne prend pas de gants.

En ce premier moment, il eût suffi d'une réquisition au bureau de police et d'un coup d'épaule donné par la gendarmerie départementale pour mettre tous les Richard en déroute. Mais Des Garennes et sa femme étaient littéralement atterés. Ils supportèrent tout. On les tint prisonniers dans leur propre demeure; on les éloigna de leurs chambres respectives, et la chronique prétend que Trésor, la timide et chère enfant, fouilla un peu les poches de l'incomparable Julie. Si elle le fit, on peut affirmer, tant elle était bien élevée, que ce fut avec la permission de l'austère Des Jardins et de petite mère mignonne.

Tout fut sauvé par cette belle conduite de la tribu Richard. Les Des Garennes ne purent pas détourner un grain de millet. Quand les prescriptions de la loi furent remplies, on ferma les yeux sur leur fuite, à condition qu'ils s'en iraient la bourse vide et simplement vêtus.

En somme, si tous les naufragés de l'industrie échouaient contre des plages habitées par des Richard, les faillites seraient infiniment moins fréquentes.

M. Des Garennes et sa femme s'étaient réfugiés dans la petite maison du bourg de Trèves, tandis que Peter Bristol partait pour Paris et que les Richard, voulant faire un exemple, essayaient de changer la suspension de paiement en belle et bonne banqueroute frauduleuse. Il fallait bien châtier ces insolents parvenus !

La petite maison du bourg de Trèves était précisément celle où Des Garennes avait pris naissance. Maman Richard, chassée du château, venait de rentrer chez elle quand son fils et sa bru arrivèrent. Il n'y a point de rancune dans le cœur des mères ; maman Richard les reçut aussi bien que s'ils se fussent montrés toujours envers elle enfants dévoués et soumis. Mais maman Richard n'avait plus rien ; les quatre mille francs qui composaient toute sa fortune avaient été remis, moitié par elle, moitié par Roland, entre les mains de Peter Bristol ; elle ne pouvait soutenir les nouveaux arrivants dénués de tout, d'autant plus que madame Des Garennes, frappée au cœur, tomba malade aussitôt après son arrivée. La misère entra dans la maison, la misère sombre et sans ressource, car les Des Garennes avaient inspiré à tout le monde, dans le pays, une répulsion qui survivait à leur chute.

Camille travaillait du matin jusqu'au soir; maman Richard, la pauvre bonne femme, ne quittait point son rouet; mais cela suffisait à peine à payer les remèdes.— Le pain avait déjà manqué plus d'une fois, et c'était quelque chose de funèbre que l'intérieur de cette maison abandonnée. Des Garennes végétait, immobile et sans parole, allant une fois le matin de son grabat au seuil, et une fois le soir du seuil à son grabat. Madame Des Garennes ne quittait point son lit où elle se mourait, dévorée par la rage. Sans le papa Morin et Toinètte, qui venaient de temps en temps apporter la manne dans ce désert, on y serait mort de famine.

A la voix de sa fille, qui l'appelait, Des Garennes quitta son escabelle et rentra dans la chambre.

— Est-ce qu'on a sonné pour le dîner? demanda-t-il d'une voix changée; il me semble qu'il est bien tard, et le chef ne nous fait pas attendre ainsi d'ordinaire...

Les larmes vinrent aux yeux de Camille.

— Vous avez grand'faim, mon père? demanda-t-elle.

— Oui, répondit Des Garennes, — j'ai grand'faim !

Il passa sa main sur son front et regarda tout autour de lui.

— Je ne suis pas encore fou, dit-il froidement. — J'ai seulement des absences... Alors, je me crois encore au château..... Je voudrais bien être tout à fait fou !

Ceci fut dit d'un ton de sincérité si navrant, que Roland se sentit froid par tout le corps. — Camille alla ouvrir un vieux buffet dont tous les rayons étaient vides, excepté le premier où restait un morceau de pain. Camille prit le morceau de pain et l'apporta à son père. Celui-ci s'était assis sur le pied de son grabat; il rompit le pain dur et le mangea avec avidité.

La porte qui communiquait avec la seconde chambre de la maison s'ouvrit brusquement; la bonne femme Richard, effrayée, parut sur le seuil, tenant sa quenouille à la main.

— Elle a le délire! s'écria-t-elle ; — que Dieu ait pitié de nous, je ne sais plus où donner de la tête!

Des Garennes, qui grignotait son pain dur, ne se détourna même pas. Roland et Camille s'élancèrent à la fois vers la chambre où la châtelaine était couchée. La fenêtre ouverte à l'occident, laissait passer les derniers rayons du jour, qui tombaient d'aplomb sur le visage de la malade. Elle avait souffert bien autrement que son mari, on le voyait du reste, mais elle n'était pas si changée. La fièvre avait seulement creusé ses joues et repoussé outre mesure la saillie de ses traits. Ses yeux agrandis brûlaient au fond de leurs orbites. Nous ne saurions dire l'amertume infinie qui gisait dans la ligne légèrement crispée de ses lèvres; les rayons du couchant bronzaient sa pâleur et mettaient à son front des teintes vigoureuses. La fièvre l'électrisait en ce moment; elle avait rejetée sa couverture et se soutenait à demi-levée sur le coude : sa magnifique chevelure tombait en masses mêlées le long de ses joues et cachait la maigreur de ses épaules. — Elle était belle encore.

— Que veut-il? s'écria-t-elle en voyant entrer les deux enfants. — Pourquoi tout ce mystère? Si monsieur Des Garennes joue, ne puis-je jouer aussi? Je lui rappellerai, au besoin, que la fortune est de mon côté; quand il m'a épousée; c'était un tout petit marchand... Ils ont tort de m'appeler parvenue : c'est mon mari qui est un parvenu!

Ella rejeta ses cheveux en arrière, et

la fatigue fit retomber sa tête sur l'oreiller.

— La hausse! murmura-t-elle en ricacanant; — mon Dieu! la hausse ne peut pas continuer toujours!... Je veux jouer à la baisse, monsieur, entendez-vous, je le veux! Quand vous aurez besoin de fonds, venez et demandez : la caisse de la maison Des Garennes est inépuisable, comme la mer!

— Maman Richard, dit Des Garennes sur le pied de son lit, — n'as-tu rien à me donner pour manger avec mon pain? Écoute ce que dit ma femme : elle est bien plus bas que moi.

— Ma mère, murmurait Camille agenouillée au chevet de la châtelaine, —calmez-vous, je vous en supplie.

— Où est ce Gayet? interrompit madame Des Garennes, je ne refuse pas de le recevoir... Apporte-moi le carnet qui est dans le secrétaire de laque et fais entrer l'agent de change.

— Oui, ma mère, répondait Camille, — je ferai tout ce que vous voudrez..... mais calmez-vous, au nom du ciel !

Des Garennes riait paisiblement dans son coin.

— Se démène-t-elle ! disait-il. Moi je

n'ai jamais battu la campagne comme cela, n'est-ce pas, maman Richard ?

La bonne femme était debout au milieu de la chambre et laissait tomber ses deux bras le long de son corps ; elle était trop vieille, et la force lui manquait.

Roland regardait au loin par la fenêtre. Dans la matinée, le médecin avait ordonné une potion pour madame Des Garennes, et Morin avait promis de l'apporter ; Roland guettait l'arrivée de Morin.

— Ah ! ah ! reprit la châtelaine, dont les lèvres blêmes eurent tout à coup un sourire. — Ils nous détesteraient moins si nous étions plus pauvres! C'est la jalousie qui les tient au cœur. Je veux les faire mourir de dépit par mon luxe et mes fastueuses dépenses! — Qui donc m'a dit, ajouta-t-elle en passant la main sur son front et en cherchant son idée rebelle avec cette fatigue des fiévreux, — qui donc m'a dit que l'homme d'Amérique nous apportait des millions?...

— Le voilà! le voilà! s'écria Roland.

Morin se montrait au bout du sentier qui conduisait au village de Trêves. En même temps, la petite Toinette rentrait de l'autre côté de la maison, tout échauffée de sa course, et tenant au bras un panier de provisions.

— C'est Pierre Tassel qui m'a donné cela, dit-elle avant d'avoir même passé le seuil. — Pierre Tassel se souvient de ce que M. Roland a fait pour lui, oui-dà ! Et tant qu'il y aura du pain chez lui, qu'il a dit, M. Roland ne manquera de rien.

Elle avait déposé son panier sur la table pour aller vers maman Richard, toujours immobile et comme stupéfiée.

— Cela va-t-il mieux, ce soir, ma bonne dame? demanda-t-elle.

Madame Richard secoua la tête sans répondre.

Dans l'autre chambre, madame Des Garennes ne parlait plus. Elle subissait la prostration qui suit l'accès. De grosses gouttes de sueur perlaient à son front, et son souffle s'embarrassait dans sa gorge. Camille suivait d'un œil effrayé les progrès du mal.

— Vite, vite! cria Roland par la fenêtre, — vite, père Morin, nous avons grand besoin de vous!

Maman Richard et Toinette étaient maintenant au seuil de la seconde chambre écoutant le râle de la malade. Des Garennes profita du moment et se glissa sans bruit vers le panier aux provisions; il le flaira ; son sourire idiot devint sensuel et plein de gourmandise. Il le saisit comme une proie et disposa les vivres qu'il contenait sur la couverture de son lit avec symétrie. Jamais Des Garennes n'avait contemplé plus joyeusement la table opulente de son château. Il eut un instant l'embarras du choix; ses doigts tremblants hésitèrent entre les pauvres provisions qui composaient l'offrande de Pierre Tassel. — Mais bientôt, il fit main basse, au hasard, et remplit sa bouche gloutonne avec une sorte de grognement voluptueux.

Morin tendit à Roland, par la fenêtre, la fiole qui contenait le remède; soit que le médicament fût administré à propos, soit que la crise fût arrivée à son terme, madame Des Garennes devint plus calme et respira plus librement.

— Une lettre de sept sous ! cria le facteur rural en donnant de son bâton contre la porte extérieure.

Madame Des Garennes se dressa sur son séant.

— De Paris ?... dit-elle, — cette lettre est de Paris... Qu'on me l'apporte à l'instant même !

« — A monsieur, monsieur Richard Des

Garennes, » épelait le facteur sur le seuil.

Des Garennes engloutissait sa dernière bouchée.

— Appelez le chef de correspondance! dit-il. Puis, se reprenant aussitôt et avec humeur, il ajouta : — J'ai des absences... je le sais bien... mais je ne suis pas aussi bas que ma femme!

— Donnez, donnez, dit Roland au facteur.

— Et l'argent? demanda celui-ci sans lâcher la lettre.

D'instinct, Roland fouilla dans sa poche. C'était encore là une absence, car il y avait bien longtemps que la poche de Roland était vide. Maman Richard n'avait rien, Camille non plus; ce fut Morin qui paya les sept sous de la lettre.

— Eh bien! faisait la châtelaine d'un accent impérieux, — ne m'a-t-on pas entendue?

— C'est que nous n'avons pas d'argent, ma mère, répliqua Camille.

La châtelaine tressaillit et sa pâleur revint plus livide. Elle regarda tour à tour Camille, maman Richard, Toinette et Morin qui venait de mettre la main à la poche. Sa figure changea. Vous l'eussiez reconnue à ce moment, car elle retrouva la force de dissimuler et redevint elle-même.

— Ah! fit-elle avec douceur, — méritais-je donc de trouver de si bons amis dans ma détresse!... Camille, mon pauvre ange, merci!... merci, Morin, excellent homme, merci, ma petite Toinette!... Quant à vous, ma mère, je ne vous dis rien : vous êtes une sainte!

Roland entrait avec la lettre.

— Et toi, reprit la châtelaine en baissant les yeux, — toi qui as pu croire que j'étais ton ennemie, merci, loyal enfant!

Elle fit comme comme si l'émotion l'eût accablée et se renversa, faible, sur son oreiller.

— J'espère que mon mari n'a pas souffert autant que moi ? murmura-t-elle, afin de n'oublier personne.

— Je me porte bien, Dieu merci, Julie, dit le châtelain, qui montra sa tête chauve à la porte. — J'ai bien soupé, je vais me coucher, bonne nuit!

Madame Des Garennes leva les yeux au ciel, ce qui ne l'empêcha point de voir que Roland tenait la lettre à la main.

— Donne... fit-elle tout bas.

Roland lui tendit le pli que madame Des Garennes ouvrit d'une main tremblante. — Nous ne pouvons mieux faire que de transcrire en son entier cette épître remarquable.

« Mon vieux Thomas, car te voilà Thomas, comme devant, et ce joli nom de Des Garennes, mon pauvre lapin, te passera désormais sous le nez. Il n'y a pas grand mal à cela ; tu faisais un peu trop ta tête.

» Quant à la cousine, fais-lui mes compliments, elle était tout simplement insupportable. — Moi, je ne t'en veux pas beaucoup, parce que je n'avais que mille écus chez toi et que j'ai bien mangé pour mille écus de tes dîners, aussi je prends la plume pour te donner avis de ce qui se passe en bon parent, fais-en ton profit, si tu peux.

» Le grand lama (Peter Bristol) a daigné accepter l'offre de Des Jardins qui lui a loué le sien (son jardin). Je te mets les points sur les *i*, parce que tu n'es peut-être pas en train de comprendre la plaisanterie. Avec l'hôtel de Des Jardins et son petit parc, le grand lama (Peter Bristol) a pris une manière de palais qui confine à la terrasse. Il y a là autant de logement qu'aux Tuileries, mais c'est à peine suffisant pour la suite et les équipages de ce prince de la finance américaine.

» Petite mère mignonne (madame Des Jardins) s'est mise en tête de lui passer au cou Trésor (Zélia Des Jardins), et le père Positif (le cousin Des Jardins) lui fait voir chaque matin, pour l'affriander, le fameux portrait du bâtard de Richard—Cœur-de-Lion. — Adroit ce gaillard-là, sûr et certain !

» Tu vois que je n'ai pas perdu le mot pour rire ; mais c'est que je n'ai pas fait le grand saut comme toi et que ma position devient de jour en jour meilleure. Pauvre vieux Thomas ! tu voudrais bien être à ma place? Patience et courage, mon bonhomme! tu ne te relèveras jamais tout à fait, mais tu pourras vivoter un jour venant, si nos parents ne t'envoient pas au bagne.

» Au bagne! rien que cela! Ils prétendent que tu leur as frauduleusement soutiré leurs économies. L'ancienne Titine, surnommée madame Augusta, depuis qu'elle ne vend plus les pommes au tas, a tellement étrillé son innocent époux que ce Massonneau aîné a déposé une plainte au parquet du procureur du roi. La tante Noton et Sophie Des Baliveaux ont signé la plainte; le substitut l'a recommandée. Du *Taillis* te *taille* cependant des croupières et ne perd point l'occasion de dire au palais qu'il jouit de trente-cinq bonnes mille livres de rentes au soleil. Du *Guéret*, *guéri* de son amour pour ta fille, ne vaut *guère* mieux pour toi et te fait une *guerre* à mort. — De l'Étang voudrait te noyer... mais je m'arrête; ta position ne te permet pas de rire de mes bons mots.

» Voici maintenant l'objet sérieux de cette lettre : J'ai été admis à présenter mes hommages au grand lama (Peter Bristol), qui m'a paru un original et un assez bon diable. Je crois que si tu peux conserver quelque espoir, c'est uniquement sur lui que doit porter ton effort. Nos parents t'écorcheraient tout vif, voilà le fait certain. Tu les as humiliés et tu leur as pris leur argent; ils n'ont pas tout à fait tort. Mais le grand lama respire à des hauteurs inconcevables. Cet Américain a la tête au-dessus de la flèche du Panthéon; nos petites rancunes, nos petites misères lui sont inconnues, et je crois que tu pourrais rentrer en grâce auprès de lui.

» Nous étions trois dans son salon, Du Taillis, qui venait lui apporter une barrique de cidre, premier choix; l'artiste, qui tâchait de placer quelques peintures sur verre, et ton serviteur, lequel avait des gaudrioles plein son sac. La conversation tomba sur toi et ta famille; Du Taillis, qui a son franc parler quand il ne craint pas les gens, déclara du premier coup que tu étais un coquin; l'artiste trouva le mot trop doux : ce pauvre Pain-Sec, il n'avait que ses quarante mille francs, et que d'estampes il faut décalquer sur des vitres pour gagner quarante mille francs ! — Moi je te défendis, comme bien tu penses, je soutins *mordicus* que tu n'étais pas absolument délicat, et qu'il y avait chez toi plutôt manque d'intelligence qu'autre chose. Le grand lama fut de mon avis.

« Le grand lama nous dit qu'il ne t'en voulait point, attendu que seize cent mille francs pour lui c'est comme une pièce de trente sous pour nous autres. Selon lui, tu as l'air assez bon enfant. Il a tout vu, ce grand lama, sans faire semblant de rien ; il a vu maman Richard et parle d'elle avec une sorte de respect, il a remarqué Roland, qui est fort à son gré. Tu te souviens comme il plaida sa cause au conseil de famille. Malgré ses mœurs, il a remarqué Camille, et... daignez m'épargner le reste !

» Mais, chose singulière, c'est sans contredit la cousine qui l'a frappé le plus vivement ; il dit que c'est une femme supérieure, fort belle et dont les manières ont une grande distinction. — S'il s'y connaît, je n'en sais rien, mais voilà ce qu'il dit.

» En conséquence, si tu pouvais former une caravane de ta femme, de ta mère, de ta fille et de Roland, tomber chez lui à l'improviste et jouer une bonne scène de supplications attendrissantes, ma foi, je crois que tu obtiendrais quelque chose.

» Toute la famille est à ses genoux, et il n'aurait qu'à faire un signe pour apaiser les plus grandes colères.

» Sur ce, mon bonhomme, je te quitte pour descendre chez Vachette, où je sable le champagne ce soir avec Grassot, un prince russe et trois ingénues des principaux théâtres de la capitale. J'improviserai cinq calembourgs que j'ai pris en note, et j'aurai un succès fou, comme d'habitude. — Que veux-tu ? vive la joie ! moi, je n'achète pas des châteaux de quinze cent mille francs. Je la passe douce, c'est vrai, mais je ne dois rien à personne. — Farceur ! si tu pouvais en dire autant ? — Bien des hommages à ma cousine, je suis, etc.

» R. DE LA LUZERNE. »

Madame Des Garennes fut longtemps à lire cette lettre; ses yeux affaiblis brûlaient, et pourtant elle n'abandonna sa lecture qu'après avoir déchiffré le dernier mot. Peut-être n'eussiez-vous pas deviné en elle tant de sympathie pour le style béotien du gai La Luzerne. Quand elle eut achevé, ses deux bras se croisèrent sur sa couverture.

— Je me sens mieux, dit-elle, — et je crois que je vais dormir... Ma respectable mère, je regrette bien l'embarras que je vous cause... allez vous reposer, mes amis.

— Ne faut-il point donner connaissance

de cette lettre à mon fils? demanda maman Richard.

— Laissez-lui, pour cette nuit, la tranquillité de son sommeil, répliqua la châtelaine avec sentiment.

Morin et Toinette se retirèrent les premiers.

— Prends le flambeau, petite, dit maman Richard à Camille.

Camille s'approcha pour obéir; la châtelaine lui saisit la main et attendit ainsi que Roland et la vieille femme eussent passé le seuil.

— Laisse la lumière, dit-elle à voix basse, — j'en ai besoin.

Puis, attirant à elle la jeune fille, elle ajouta :

— Sitôt qu'ils seront endormis, reviens me voir.

Camille la regarda étonnée.

— Je n'ai plus le délire, dit madame Des Garennes en souriant avec calme. — Entends-moi bien : il s'agit de sauver ton père.

— Camille ! appela maman Richard dans l'autre pièce.

La châtelaine lui mit un baiser au front et reprit en la regardant avec une attention singulière :

— Va, mon enfant, nous ne sommes pas encore tout à fait condamnés !

Camille se retira toute pensive. Elle avait un vague effroi dans le cœur. Madame Des Garennes la suivit des yeux et rouvrit la lettre lentement.

— C'est vrai, pensa-t-elle. — Je ne l'avais jamais si bien vue qu'aujourd'hui : elle est très belle, Camille !

Ses yeux se fixèrent dans le vide, et quelques rides vinrent à son front.

— Moi, reprit-elle, perdue déjà dans la rêverie, ces quelques jours ont dû me changer autant que dix années... Il n'y a pas de miroir ici... je ne puis pas mesurer la profondeur de ma chute.

— Elle fit un geste de découragement.

— Moi aussi, poursuivit-elle sans savoir qu'elle parlait, — j'étais belle... j'étais bien belle! On me le disait et je le voyais. A quoi cela m'a-t-il servi? Il y a pourtant des femmes à qui la beauté tient lieu de richesses !

On eût surpris comme un sourire sur les lèvres décolorées de la châtelaine. Nous avons besoin de dire ici que madame Des Garennes s'était mariée jeune, vertueuse et apportant sa robe de fiancée sans tache. Depuis qu'elle était femme, pas un soupçon n'avait pu l'atteindre. Bien qu'elle n'aimât point son mari d'amour, non-seulement elle n'avait commis aucune de ces fautes si communes dans notre civilisation, mais encore jamais désir, jamais fantaisie, si légère qu'on la puisse supposer, n'avait troublé le calme plat de sa pensée. Son cœur avait la dureté et le poli du diamant; aucune passion ne l'avait entamé, aucun souffle ne l'avait terni. C'était la femme irréprochable au premier chef, la femme forte et sûre d'elle-même, qui ne sait même pas ce que c'est que le danger d'aimer. Et il fallait qu'elle fût bien éclatante, cette vertu de madame Des Garennes, puisqu'après sa chute aucune voix ne s'était élevée contre elle. Où la médisance ne peut rien, la calomnie s'essaye d'ordinaire ; ici, la calomnie se taisait derrière la médisance muette. Et pourtant, nous savons que madame Des Garennes avait beaucoup d'ennemis. Nous savons que ses ennemis étaient de ceux qui voient à travers les fentes des portes et par les trous des serrures : ses ennemis étaient des amis intimes, des parents, — des domestiques. De pareils ennemis eussent trouvé peut-être un défaut à l'armure de Lucrèce ; ils ont des yeux de lynx, des yeux qui ne se ferment jamais. Nous pouvons donc affirmer que la vertu de madame Des Garennes, éprouvée par ce long et minutieux espionnage, brillait aussi claire que le jour.

Eh bien, nous savons de pauvres femmes, des cœurs malades et tourmentés, qui ont été près de l'abîme, qui peut-être ont trébuché au bord même du précipice, et qui ne diraient point comme madame Des Garennes, fût-ce en une nuit de délire et de fièvre : Il y a des femmes à qui la beauté tient lieu de richesse ! Non, elles ne le diraient point ; quelques-unes de celles-là même que la médisance a pu mordre ! Y a-t-il donc des femmes vertueuses dont la pureté est naturellement et d'avance au-dessous du niveau de certaines chutes ? Y a-t-il donc des cœurs qui ne peuvent jamais tomber parce qu'ils sont trop bas ? Ou bien faut-il penser tout simplement que madame Des Garennes rêvait ainsi sous l'influence de la folle lettre qui lui parlait à l'improviste de champagne, de princes russes et d'ingénues de théâtre?

Elle la reprit, sa lettre, lourde et stupide comme le spirituel Richard qui l'avait écrite; elle la relut d'un bout à l'autre, sans se faire grâce à elle-même d'une seule sottise et commentant à loisir les passages les plus idiots.

Elle était assise sur son séant, la tête dans la lumière qui l'éclairait à revers pour tomber d'aplomb sur le papier; on voyait l'espoir naître et grandir sur ce visage tout à l'heure si morne; ces traits que la maladie avait fouillés, s'animaient au feu de je ne sais quelle vaillance intime; on devinait qu'elle était prête à combattre de nouveau et qu'elle était plus forte que jamais. Elle allait se redresser du fond même de sa misère, l'héroïne indomptable ; elle allait livrer sa dernière bataille, et peut-être qu'elle allait vaincre !

Point de passion ! avons-nous dit : Oh, non ! point de ces faiblesses qui partent du cœur, point de ces pauvres crimes que la miséricorde de Dieu pardonne à Madeleine. Pour pécher par le cœur, il faut avoir un cœur. Mais les passions qui enivrent la tête, toutes, toutes ! L'envie, la haine vigoureuse et sans pardon, l'avarice insatiable, l'ambition effrénée, — l'orgueil qui résume tout cela, et qui donne la force aux bras lassés des Titans de notre monde. Je vous le dis, en parcourant ces lignes tracées par la main du viveur imbécile, elle était grande, cette vaincue, grande par la faiblssse de ses armes, par la vigueur de ses aspirations. Cette lettre, c'était comme la massue grotesque et terrible que Samson se fit avec la mâchoire d'un âne.

Elle la relisait, elle l'étudiait, elle la savait déjà par cœur; et toujours elle s'arrêtait au paragraphe où La Luzerne disait à sa manière l'impression que Peter Bristol avait gardée des habitants du château. Elle pesait tout, aussi bien ce qui concernait Des Garennes, maman Richard, Roland et Camille, que ce qui la regardait elle-même.

Au bout de trois quarts d'heure, la porte de la chambre d'entrée s'ouvrit, et Camille, un peu pâle, s'introduisit avec précaution. A sa vue la châtelaine eut un sourire tôt réprimé.

— Viens ici, enfant, dit-elle, — et ne perdons pas de temps! Je pense que tu m'aimes, mais je pense aussi que tu me préfères ton père. Tu as raison; c'est au nom de ton père que je te parle. Voici une lettre qui me donne un moyen de lui rendre tout ce qu'il a perdu.

—Tout ce qu'il a perdu! répéta Camille en ouvrant de grands yeux.

— Pour cela, continua madame Des Garennes, — il faut que ton père et toi, et Roland, et notre grand'mère, nous partions tous demain pour Paris.

— Il faut de l'argent pour aller à Paris... objecta la jeune fille avec mélancolie.

— Cela dépend de toi, Camille.

— Que faut-il faire?

La châtelaine la regarda un instant en face, puis elle plongea ses deux mains qui tremblaient dans les masses éparses de ses grands cheveux; elle en retira une chaîne d'or qu'elle avait sans doute cachée au moment de la catastrophe.

— Quoi, madame! s'écria Camille en ce premier instant, — vous aviez cela, et voilà quinze jours qu'on vit ici d'aumônes!

— Pense à ton père; interrompit la châtelaine, — et ne me juge pas.

Camille baissa les yeux en répétant tout bas:

— Que faire?

— Cette chaîne d'or vaut cinquante louis, dit madame Des Garennes ; — tu vas sortir par cette fenêtre et aller au bourg de Trèves, chez le vieux Mayer, notre ancien fermier. Il est juif, il a de l'argent, il te donnera trois ou quatre cents francs là-dessus.

— A cette heure de nuit ?... murmura la jeune fille tremblante.

— Je n'ai confiance qu'en toi, songe à ton père !

Camille se dirigea vers la fenêtre.

— Attends! s'écria la châtelaine, —

tu ne remettras l'argent qu'à moi, à moi
seule !

— Cependant, voulut objecter Camille,
cet argent est à mon père.

La châtelaine, toute faible qu'elle était,
sauta en bas de son lit. Camille la vit se
traîner vers elle, chancelante et grande
comme un fantôme.

— Madame ! balbutia-t-elle épouvantée,
— ma mère...

Elle sentit sur son bras la main glacée
de la malade.

— Rends-moi ma chaîne! s'écria madame Des Garennes, rends-la moi!... J'irai moi-même s'il le faut!... Enfant, enfant, tu ne sais pas quel malheur peut causer ta désobéissance!

— J'irai, madame. fit Camille en l'aidant à regagner son lit, — et je ne remettrai l'argent qu'à vous.

— Je suis plus forte que je ne croyais, pensa la châtelaine quand la jeune fille se fut éloignée. — La journée de demain pour faire la route... Dans vingt-quatre heures j'aurai joué ma dernière partie!

CHAPITRE DIX-NEUVIÈME

LA DERNIÈRE RESSOURCE.

C'était dans un salon de l'hôtel Des Jardins Peter Bristol avait accepté avec beaucoup de grâce et moyennant finance l'habitation du Nestor de la tribu Richard. Un bon feu brûlait dans la cheminée; Vauthier, qui

était décidément établi en façon de major-
dome chez le riche banquier américain,
dépouillait la correspondance au coin de
de la cheminée : correspondance privée
bien entendu, car les lettres de commerce
arrivaient au grand hôtel, situé de l'autre
côté de la terrasse.

— Dites donc, monsieur Vauthier, fit
Du Taillis en adoucissant sa basse-taille,—
je suis arrivé ici midi sonnant : heure militaire ! et voilà qu'il est bientôt quatre
heures.

Il avait tiré de son gousset une énorme
montre en or, ronde comme un oignon.

— Je n'y puis rien, monsieur, répliqua
Vauthier.

— Mon gros, dit l'artiste, qui brûlait ses pieds sur les chenets, nous venons ici tous les jours ennuyer cet excellent M. Peter Bristol... c'est bien le moins qu'il en prenne à sa guise !

Il avait maigri, l'artiste, et sa figure pointue exprimait une noire mélancolie ; il portait le deuil de ses quarante mille francs.

— Cher monsieur Vauthier, demanda le substitut, — vous pensez bien qu'il nous recevra, n'est-ce pas?

— Je ne pense rien, monsieur.

— Parbleu! substitut, s'écria le sage Des Jardins, — comment veux-tu que M. Vauthier sache cela? Nous voici bien à notre aise pour l'attendre. Si nous ne le voyons pas aujourd'hui, nous reviendrons demain.

Il s'enfonça dans son fauteuil et ajouta, comme si l'empressement des autres Richard l'eût sérieusement scandalisé — Que diable!

Ils étaient là, tous au grand complet: Du Guéret, qui s'approchait le plus possible de Vauthier, afin de gagner ses bonnes grâces; La Luzerne, encore un peu étourdi du souper Vachette; la tante Noton, qui portait effrontément le cachemire des Indes, et qui tricotait dans un coin; madame Des Jardins enfin et son aimable fille, qui avait un petit paquet contenant des pantoufles en tapisserie. Trésor avait commencé ces pantoufles, dans le temps, pour la fête du cousin Des Garennes; mais les gens ruinés n'ont plus de fête, et Trésor avait achevé les pantoufles pour Peter Bristol.

— Que diable! répéta Massonneau aîné, — voilà huit jours que ma femme me dit tous les matins : Va voir M. Peter Bristol. Et j'y viens au saut du lit, j'y reste jusqu'au soir et je ne le vois jamais. Est-ce une raison pour se plaindre, que diable!

— Et pendant ce temps-là, que fait-elle donc, la cousine Augusta? demanda Sophie Des Baliveaux.

— Elle étudie les mathématiques, répondit l'ancien avoué, — pour l'examen de notre petit.

Vauthier fit une liasse des lettres qu'il venait de parcourir, les mit sous son bras et sortit.

— Il faut pourtant que je sois fixé, grommela Du Taillis; — mes affaires ne peuvent pas aller toutes seules, là-bas, en Normandie. Ce M. Vauthier m'avait promis...

— Quoi donc? demandèrent tous les Richard, qui dressèrent l'oreille à la fois.

— Eh bien! fit Du Taillis en homme qui jette son bonnet par-dessus les moulins, — jouons cartes sur table une fois en notre vie !

— Mais rien qu'une fois! interrompit La Luzerne, qui n'avait encore édité aucun mot spirituel.

— Nous savons tous, très bien, poursuivit le nourrisseur, — ce qui se passe là-bas, en Anjou. Madame Des Garennes est très malade, et Des Garennes est tombé en enfance : ces gens-là n'existent plus.

Reste leur maison, qui vaut ce qu'elle vaut, mais enfin qui vaut quelque chose.

— Le château n'était pas payé, fit observer Des Jardins ; — malheureusement certain !

— Et tous les jours, ajouta le petit veuf, qui tremblait encore en songeant comme ses cinq cent mille francs l'avaient échappé belle, — tous les jours on découvre de nouveaux créanciers.

— Si la famille avait un peu de cœur, dit l'artiste entre parenthèse, elle ferait la part de ma position intéressante...

— Toutes nos positions sont intéressantes! s'écria Du Taillis.

— Positif, quant à ça!

— Tu lui diras, en lui remettant ces pantoufles, soufflait petite mère mignonne à Trésor : — Monsieur, je n'ose vous parler, tant je suis émue...

— Et je ferai semblant de trembler?... interrompit Trésor.

— Et tu baisseras les yeux, mon amour... Et tu diras : Ce n'était pas un travail, c'était un bonheur!

— Oni, pour lui répondre quand il m'aura remerciée ?

— Et puis, continua madame Des Jardins, — tu relèveras les yeux sur lui et tu le regarderas comme je t'ai appris.

— Comme cela ? fit Trésor dont la prunelle s'allongeait derrière ses longs cils à demi fermés.

Petite mère mignonne ne put s'empêcher de l'embrasser, tant c'était bien cela !

— Pas longtemps, reprit-elle cependant; — tu deviendras toute rouge et tu t'élanceras vers moi pour cacher ta tête dans mon sein.

— La position de chacun de nous est intéressante, continuait du Taillis, — à proportion du chiffre de sa créance ; c'est clair : L'artiste est prié de ne pas nous rompre les oreilles.

— Il vous reste quelque chose au moins... voulut dire le malheureux Pain-Sec.

— La paix! la paix! fit-on de toutes parts.

Et Des Jardins ajouta :

— Fatigant, ce bonhomme-là !

Du Taillis poursuivait :

— L'actif de la maison peut aller, si mes renseignements sont exacts, à quinze ou seize cent mille francs.

— Tout au plus.

— Ces millions dont on parlait, c'était de la fantasmagorie !

— De la poudre aux yeux !

— Ah ! le coquin ! le coquin ! nous en a-t-il donné à garder !

— En présence de cet actif, continuait le nourrisseur, il y a la créance Peter Bristol qui l'absorbe déjà tout entier.

— Minute! s'écria Massonneau aîné, — ma femme ne l'entend pas comme cela!

— Il y a en outre nos créances à nous et celles des tiers, qui vont bien à seize cent mille francs aussi. La liquidation et les frais de procédure diminueront la masse d'autant. La seule chance de salut que nous ayons, c'est Peter Bristol lui-même.

— Positif! fit Des Jardins. — Pas nouveau!

— Il faut que Peter Bristol prenne la maison Des Garennes. Mais Peter Bristol ne s'amusera pas à laisser de côté ses comptoirs d'outre-mer pour une affaire qui est pour lui un morceau de pain. Il faudra un gérant à cette nouvelle maison, et M. Vauthier m'avait promis...

— Mon pauvre Du Taillis, interrompit le petit veuf en ricanant, — je crois que tu t'abuses, si tu nourris cet espoir-là !

— Pas de doute ! ajouta Des Jardins. — Je sais ce que je sais.

— C'était précisément pour cela, s'écria le candide Massonneau, — que ma femme m'avait dit de chauffer Peter Bristol.

Il était évident que tous les Richard avaient eu la même idée : changer le désastre en un coup de fortune et s'approprier comme une épave les débris du naufrage de leur cousin Des Garennes. Pour cela, Du Taillis avait donné du cidre en quantité, des pommes de garde et plusieurs jambons modèles. Du Taillis faisait un élève pour le concours du bœuf gras. Du Taillis était tout prêt à sacrifier son élève, afin de servir sur la table de Peter Bristol un filet comme on n'en rôtit jamais. Il l'avait déclaré à M. Vauthier avec sa franchise ordinaire, et comptait là-dessus. — Pour le même objet, Des Jardins avait cédé son hôtel. Les autres, y compris Massonneau aîné, avaient fait ce qu'ils avaient pu. Le gai La Luzerne lui-même bourrait ses poches de billets de spectacle et sa mémoire de vieux calembourgs, afin de se rendre agréable.

Une fois que cette révélation fut tombée comme une pomme de discorde au milieu des Richard, ils se regardèrent avec des yeux farouches, et chacun d'eux chercha de nouvelles armes pour tuer ses compétiteurs.

La venue de Peter Bristol n'en fut désirée qu'avec plus d'impatience; on appelait le moment décisif de la bataille, et tous, depuis Des Jardins jusqu'à Moissonneau, voulaient en finir aujourd'hui.

Cinq heures sonnaient à la belle pendule du salon; M. Vauthier rentra et dit :

— Messieurs, Peter Bristol m'a chargé de vous annoncer qu'il ne vous recevrait pas ce soir.

— Saquerbleu! s'écria Du Taillis en colère.

— Vauthier le regarda. L'effort que fit le nourrisseur pour se calmer rendit son visage pourpre.

— Veuillez excuser notre cousin, dit perfidement le petit veuf.

— Et surtout, ajouta Des Jardins, ne nous rendez pas complices..... Entendu !

Les doigts de Du Taillis se crispèrent. S'il les eût tenus dans un coin, Des Jardins et du Guéret eussent été deux Richard étranglés.

— Cher monsieur Vauthier, balbutia-t-il, — on me connaît ici, j'ai mon franc-parler. Saquerbleu ! voulais-je dire tout bonnement : est-ce que ce digne M. Peter Bristol serait indisposé !

— Pas le moins du monde, répliqua Vauthier, il se porte à merveille !

Le sourire unanime de la tribu Richard accueillit cette impertinence. Chacun se leva, Pain-Sec, le cœur bien gros ; La Luzerne, l'estomac bien lourd. Massonneau, dont la candeur exprimait toujours la pensée commune, dit en prenant son chapeau :

— Je reviendrai demain à la première heure. Puis il ajouta : — Offrez, je vous prie, à M. Peter Bristol les compliments de ma femme.

Trésor dut remettre ses pantoufles dans sa poche. La famille Des Jardins prit la tête du cortége, et le défilé commença.

— Messieurs ! s'écria La Luzerne dans l'escalier, — savez-vous quel est l'endroit où il y a plus d'épiciers qu'à Paris ?

Chacun s'éloigna de lui comme s'il avait eu la peste. Dieu sait qu'on n'était point en humeur de plaisanter. La Luzerne saisit, bon gré, mal gré, le bras du doux Massonneau, et lui lâcha dans l'oreille, à bout portant, son calembourg séculaire :

— C'est dans un champ où l'on vient de faire la moisson ; dit-il.

— Dans un champ ?... répéta Massonneau. — Des épiciers ?

— Des épis qu'on a sciés.

— Ah! bien! bien! J'ai vu ça sur une enseigne de café, auprès du Cirque-Olympique.

— C'est vrai, dit La Luzerne, — mais le café n'y est plus, on l'a démoli : le calembourg rentre dans la circulation.

Un cri se fit entendre sous le vestibule, et les Richard s'élancèrent tous à la fois vers la porte cochère ouverte.

— Impossible! disait Des Jardins, — impossible, que Diable !

—J'ai de bons yeux, ripostait le petit veuf, — j'ai reconnu maman Richard.

—Et Camille, qui allait à reculons, ajouta Du Taillis.

—Et Roland, qui était sur le siége à côté du cocher, affirma l'artiste.

Les autres répétaient : — Vous avez rêvé, ce n'est pas possible!

Ce rêve, cette vision, qui mettait en si grand émoi la tribu, s'était présenté sous l'espèce d'un fiacre trés chargé, qui remontait au trot pénible de ses deux rosses, la rue de la Chaussée-d'Antin. On le voyait encore, mais seulement par derrière, et la discussion s'établit sur la question de savoir si le jeune homme assis auprès du cocher était, oui ou non, Roland Richard.

La Luzerne avait justement une revanche à prendre à son calembourg manqué.

— Mes bons parents, dit-il d'un air patelin, — je n'avais que mille écus dans la maison Des Garennes. Ce n'était pas assez pour prétendre à la gérance... et puis, je suis un bon vivant, vous savez? Ce fiacre apporte en effet toute la famille de notre pauvre cousin, qui vient faire aussi sa visite au grand lama Petel Bristol.

Les Richard se regardèrent tout penauds, tandis que le gai La Luzerne s'esquivait, et Massonneau fit signe à l'omnibus, en se disant :

— Je vais aller le dire à ma femme !

Dans cette manière de palais, que les Richard appelaient le Grand-Hôtel, et où le fameux banquier de Boston faisait sa résidence, il n'y avait qu'une seule chambre meublée avec simplicité : c'était la sienne. Le reste de l'hôtel était occupé par sa suite ; il s'était donné, dès son arrivée, des équipages de prince, et le haut commerce parisien entrait en émoi, parce qu'on disait que, décidément, Petel Bristol allait établir une maison à Paris. On peut affirmer pourtant que Peter Bristol ne s'était pas beaucoup occupé d'affaires durant son séjour dans la capitale. Ces énormes entreprises transatlantiques, dont il était l'âme, n'avaient point en lui, auprès de nos financiers, un avocat fort éloquent ; il n'avait rendu de visite à personne, et, qui pis est, il avait fermé sa porte aux grands vaseaux de la féodalité commerciale.

C'était un homme fort bizarre, sauvage par caractère, comme on pouvait bien le voir, et surtout paresseux à l'excès. Il avait pris plaisir, depuis ces quelques semaines, à se perdre dans les détails ; il s'était occupé de la faillite Des Garennes, comme si la faillite Des Garennes n'eût point été pour lui, en définitive, une pure et simple bagatelle. Le pourquoi de ceci était une énigme. Il y avait autour de Peter Bristol des gens intéressés à deviner ses moindres secrets. Les Richard, qui faisaient le pied de grue dans son antichambre avec une si chrétienne patience, avait cru entrevoir je ne sais quel fantastique mystère. La lettre de La Luzerne, si stupide qu'elle ait pu paraitre au lecteur, pourrait nous mettre sur la voie.

Dans les rares occasions où la tribu Richard était admise à présenter ses hommages au grand lama, le grand lama ramenait toujours la conversation sur la famille Des Garennes. — Pourquoi s'occuper de ces gens désormais ruinés sans ressource ? Peter Bristol ne les avait vus qu'une fois, et l'accueil reçu par lui au château Des Garennes n'était pas fait pour lui laisser de bien agréables souvenirs. Et cependant, il y revenait sans cesse, avec une persistance qui réellement tenait de la manie. Chaque fois que les Richard voulaient mettre l'intérêt commun sur le tapis, Peter Bristol trouvait quelques transitions pour arriver à la famille du failli. Chose plus étrange encore, il parlait de cette famille à Vauthier qui ne la connaissait même pas. Enfin, par deux fois, il avait fait le voyage de Touraine pour aller revoir le château abandonné.

La Luzerne était, sans comparaison, le

plus étourdi des Richard ; aucun autre Richard n'aurait osé en dire si long que La Luzerne en avait dit dans sa lettre ; mais le diable n'y perdait rien, et la tribu, après avoir cherché pendant quinze jours le mot de l'énigme, décréta à l'unanimité que le grand lama était amoureux de Camille —ou de madame Des Garennes. Peut-être de toutes les deux, car la tribu Richard regardait l'Amérique septentrionale comme un pays perdu où toutes les excentricités ont droit de bourgeoisie.

Peter Bristol parlait aussi souvent de madame Des Garennes que de Camille. Les Richards, observateurs, trouvaient même que Peter Bristol s'occupait de madame Des Garennes avec plus de complaisance.

Cet homme étrange avait sans doute été frappé de la vaillance déployée par la châtelaine dans sa lutte suprême. Et c'est toujours, on le sait bien, par quelque côté baroque que se montre vulnérable le cœur de ces originaux d'Américains.

M. Vauthier, et ceci est plus grave, était assez de l'avis des Richard. Peter Bristol avait attaché Vauthier à sa personne; Vauthier ne le quittait jamais, et Vauthier, sans le dire, restait persuadé que son maître avait de l'amour pour madame Des Garennes.

C'était dans la chambre de Peter Bristol; il y avait une heure à peu près que les Richard étaient partis, le banquier de Boston, en robe de chambre et les pieds au feu, fumait silencieusement sa grande pipe. — Derrière son fauteuil, Vendredi se tenait debout. L'air de Paris avait été favorable à ce bon serviteur; il était gros, il était gras, sa peau noire luisait; il portait ses bras croisés sur sa vaste bedaine, comme ce nègre rabelaisien qui est sur l'enseigne d'un marchand de pendules, au boulevard Saint-Denis.

Auprès de Peter Bristol, sur un guéridon, il y avait quelques feuilles volantes de papier réglé comme sont les pages d'un livre de commerce.

—N'ai-je pas entendu une voiture entrer

dans la cour? demanda Peter Bristol en dressant l'oreille tout à coup.

Le nègre se dirigea vers la fenêtre et mit son œil au carreau.

— C'est M. Robinson qui rentre, dit-il.

Peter Bristol reprit son immobilité, mais de temps en temps son œil inquiet et impatient surtout se tournait vers la porte.

— Il tarde bien! murmura-t-il au bout d'une minute.

— Faut-il l'aller chercher? demanda Vendredi.

Peter Bristol ne savait pas même s'il avait parlé. En ce moment, la porte s'ouvrit et Vauthier entra.

— Va souper, dit Peter Bristol à Vendredi, dont la face large s'épanouit à ces douces paroles.

Vauthier s'avança vers la cheminée. Peter Bristol lui fit signe de s'asseoir. Vauthier savait déjà par cœur, si l'on peut s'exprimer ainsi, les superficies de son maître. Il se doutait bien qu'on ne l'interrogerait point tout de suite, quelque bonne envie qu'on eût d'ailleurs de savoir. Peter Bristol prit, d'un geste indifférent et paresseux, les feuilles volantes qui étaient auprès de lui sur le guéridon.

— Vauthier, dit-il, vous avez mal commencé, mon garçon ; j'espère que vous finirez bien. Ce que je connaissais de vous n'était pas brillant : j'avais, vous en conviendrez, le droit de vous éprouver. Je l'ai fait.

— Moi, je n'ai aucune espèce de droit, repliqua Vauthier rondement et sans humilité vaine — Que vous m'ayez éprouvé, c'est bien. Eprouvez-moi encore, si cela vous fait plaisir. Je vous suis dévoué tout naturellement, et ceci, à défaut d'autre chose, me rend un parfait honnête homme jusqu'au moment où vous me direz : Va-t'en.

Peter Bristol eut un sourire.

— C'est calculé pour que je te garde toujours, dit-il d'un ton de franche affection. — On dit qu'il y a plus de joie là-haut, dans le paradis, pour un pécheur converti que pour dix justes qui persévèrent. Je crois bien que nous ne nous séparerons plus, ami Vauthier. — Mon Dieu, oui, poursuivit-il d'un accent tout à coup distrait et en froissant les papiers qu'il tenait à la main, — tu as eu de bonnes sommes à manier. J'ai mis un contrôleur sur ta trace. Il n'y a pas là un centime porté à faux ! Et pourtant tu devais croire...

— Voler les pauvres gens à qui vous faites l'aumône ! interrompit Vauthier avec un peu de tristesse ; — au temps même où j'étais un aventurier... tranchons le mot si vous voulez... un vaurien, je n'aurais pas été capable de cela !

— Je le crois... Ce n'est pas à dire que je sois content tout à fait...

— Vous trouvez que j'ai été trop loin ? demanda Vauthier.

— Au contraire.

— L'un dans l'autre, j'ai dépensé mille francs par jour.

— Qu'est-ce que cela dans ce grand Paris, où il y a tant de misères !

— Je dépenserai le double et le triple, si vous voulez, mon cher et digne maître, dit Vauthier en changeant de ton brusquement. — Je sais bien que votre générosité est inépuisable; mais pourquoi vous mettez-vous l'esprit à la torture pour éloigner le sujet de conversation que vous voudriez voir sur le tapis ?

Les sourcils de Peter Bristol se froncèrent, mais son sourire revint tout de suite et il murmura bonnement :

— On ne peut pas feindre avec toi, Vauthier... Voyons, fais-moi ton rapport.

— Ils sont arrivés, dit le confident en rapprochant son fauteuil.

— Arrivés! répéta Peter Bristol sans dissimuler davantage l'intérêt qu'il prenait à cet événement, — tu leur as donc envoyé de l'argent pour faire le voyage?

— Vous ne me l'aviez pas ordonné.

— C'est juste... mais alors?...

— Mon Dieu! certaines gens ont toujours une dernière ressource. Madame Des Garennes a pu payer le voyage de toute la famille, et sa bourse n'est pas entièrement à sec.

— Ils étaient si misérables là-bas, chez

la bonne femme Richard ! dit Peter Bristol, qui, paraîtrait-il, avait été informé de tout.

— On garde un diamant, répliqua Vauthier, — une bague, une chaîne d'or, quelque chose enfin, pour tenter une dernière campagne. Ils sont venus tout simplement sur la lettre de monsieur de La Luzerne.

Peter Bristol fit le geste de se frotter les mains ; mais il se retint et rendit à sa physionomie son expression de froideur.

— Il l'aime ! pensa Vauthier qui l'observait. — Le meilleur service que je puisse lui rendre, c'est de le guérir de cette maladie-là !

— Est-ce tout ce que tu as à me dire ? demanda Peter Bristol.

Vauthier eut un vaniteux sourire.

— Ils sont arrivés, répondit-il, à quatre heures trente-cinq minutes par le convoi d'Orléans : voiture de seconde classe. Le mari et la femme, le jeune homme, mademoiselle Camille et la vieille mère Richard. Ils sont montés en fiacre à la gare et se sont fait descendre ici près, rue des Trois-Frères, à l'hôtel Saint-Georges. Une fois là, vous sentez bien qu'ils m'appartenaient !

— Comment? fit Peter Bristol.

— Sur les fonds que j'avais en caisse, sauf à compter plus tard avec les pauvres, je me suis ouvert un petit crédit que nous inscrirons sur nos livres avec cette note : Fantaisies du Patron... On les a mis dans une chambre qui, grâce à nos dollars, est devenue une véritable lanterne. Ils sont là comme dans la volière où les oiseaux privés voltigent sous les regards de tous. Je puis vous dire chacune de leurs actions ; je puis vous répéter chacune de leurs paroles.

Un peu de rougeur était venue aux joues pâles de Peter Bristol.

— Qu'ont-ils fait ? prononça-t-il pourtant tout bas et avec une sorte de honte, — qu'ont-ils dit ?

— M. Des Garennes n'a pas l'air d'avoir parfaitement la conscience de son malheur. Il est tombé dans une sorte d'enfance. Et cependant, il y a encore quelque chose en lui, comme vous allez le voir. Tout de suite après l'arrivée, sa femme l'a pris à part et lui a dit : — Nous avons une dernière planche de salut... Peter Bristol trouve notre fille jolie.

Le banquier tressaillit et baissa les yeux.

— Ah ! fit-il, madame Des Garennes a dit cela ?

Vauthier pensait :

— Dieu me pardonne, il a peur qu'elle ne soit jalouse !

— Oui, reprit-il tout haut, — elle a dit cela. Et comme le bonhomme ne comprenait pas, elle a mis les points sur les *i*, je vous assure !

— Je pense, interrompit encore Peter Bristol, — qu'il s'agissait de mariage.

— Eh ! eh !... fit Vauthier avec raillerie.

Puis se reprenant en voyant la pâleur croissante de son maître, il ajouta :

— Au fait, il s'agissait peut-être de mariage.

— Qu'a répondu M. Des Garennes?

— Il a répondu tout clair et tout net, comme un brave homme qu'il a bien pu être autrefois : — Je ne vendrai jamais ma fille !

Par un mouvement involontaire les deux mains de Peter Bristol s'appuyèrent contre sa poitrine.

— C'est bien, cela ! dit-il comme malgré lui.

— N'est-ce pas que c'est bien? fit Vauthier.

— D'un autre côté, se reprit le banquier en changeant de ton, — puisque vous dites que cet homme est en enfance...

Vauthier se mordit la lèvre.

— Pendant cela, poursuivit-il, — si vous aviez vu dans un coin de la chambre un pauvre groupe composé de la vieille mère Richard, du jeune Roland et de Camille, cette enfant charmante...

Peter Bristol fit un geste d'impatience.

— Ce sont ceux-là qui ont l'air de s'aimer ! continuait Vauthier ; ce sont ceux-là qui ne se doutent même pas, j'en suis sûr, qu'il y ait en ce monde des lâchetés et des infamies !

— Après cette réponse de son mari, demanda froidement Peter Bristol, — qu'a fait madame Des Garennes ?

— Mais vous ne vous intéressez donc pas, ne put s'empêcher de dire Vauthier, — à cette pauvre belle jeune fille ?...

— Elle est très belle, en effet, répliqua le banquier, — je m'intéresse à elle plus que tu ne crois peut-être.

Vauthier regarda son patron avec une sorte d'effroi, il crut voir dans ses yeux je ne sais quel rayon trop vivement allumé.

— Diable! diable! pensa-t-il, — il n'y a pas bien longtemps que je le connais, cet homme-là. S'il faisait dix mille francs d'aumônes par semaine pour racheter vingt mille francs de péchés !

— Je t'ai fait une question, dit Peter Bristol sèchement.

— Je suis en mesure d'y répondre; madame Des Garennes a tourné le dos à son mari et n'a pas ajouté une parole. Elle a sonné pour demander une voiture et s'est fait conduire rue Pigale, où demeure son ancienne femme de chambre, Justine.

— Tu l'as suivie ?

— Comme de raison. Je vais vous rapporter ce qui s'est passé, en vous laissant le soin d'en déduire les conséquences. Madame Des Garennes est fort changée depuis sa maladie, et son costume de voyage n'était pas fait pour lui rendre les charmes qu'elle a perdus. En entrant chez Justine, elle lui a dit : Ma petite, je ne viens point vous reprendre les effets que vous m'avez volés...

Justine avait peur, car son ancienne maîtresse touchait juste.

— Rassurez-vous, a repris madame Des Garennes, la maison était au pillage; vous avez fait votre main; mon Dieu, !mon enfant, je ne vois pas de mal à cela. Il me reste cinq louis, c'est toute ma fortune. Je vais vous les donner si vous voulez me rendre un service.

— Quel service? a demandé la soubrette avec tout son aplomb reconquis.

Madame Des Garennes a répondu presque timidement :

— Me prêter une de mes robes, s'il vous en reste que vous n'ayez point fait mettre à votre taille... me prêter un de mes châles, une paire de pendants d'oreilles et tout ce qu'il faut pour m'habiller ce soir... me coiffer comme vous faisiez autrefois, ma petite Justine... me faire belle enfin, encore une fois, quand ce devrait être la dernière !

La respiration de Peter Bristol s'embarrassait dans sa poitrine.

— Après ? fit-il en voyant que Vauthier se taisait.

— C'est tout, répliqua celui-ci.

— Mais pourquoi cette étrange fantaisie de toilette ?

— Je pense que vous le saurez ce soir.

— Tu crois qu'elle veut venir? dit Peter Bristol dont l'émotion était visible.

— Je vous ai annoncé le fait brut, répondit Vauthier, sans me charger d'en déduire les conséquences... Une chose que j'avais oublié de vous dire, c'est que le reste de la famille, Roland, Camille, madame Richard, la mère, peut-être M. Des Garennes lui-même, viendront ce soir tenter un effort auprès de vous.

Peter Bristol réfléchissait.

— Il faudra faire entrer madame Des

Garennes dans le grand salon, dit-il, — allumer les lustres et les candélabres.

— Et les autres ? demanda Vauthier.

Peter Bristol réfléchit encore.

— Il faudra introduire ici le jeune Roland et mademoiselle Camille... La vieille femme, et M. Des Garennes, s'il vient, attendront.

CHAPITRE VINGTIÈME

A PARIS.

Les Des Garennes occupaient à l'hôtel Saint-Georges un logement situé au troisième étage. C'était une pièce assez vaste, contenant deux lits en bois peint, six siéges dont la tapisserie montrait la corde et une commode aux tiroirs rebelles. C'était aussi loin peut-être de l'indigence rustique qui régnait chez maman Richard que du luxe étalé jadis au château Des Garennes; mais s'il est un lieu où l'on puisse regretter la pauvreté même, c'est une chambre d'hôtel.

Là, tout est froid, tout sent l'exil et l'abandon. Si les meubles sont riches, si les murailles sont vêtues de somptueuses tentures, si le pied y foule la laine molle et brillante des tapis, l'effet est encore le même : derrière ce faste banal, il y a quelque chose qui repousse; ces objets pour être beaux ne sont point amis, ils parlent d'absence; vous ne trouvez là, jamais, ce bon aspect du logis de famille, et ces pénates inconnus n'ont point pour vous de sourire. Fi! de ces velours de louage! fi! de ces dorures à volonté qui ont brillé pour un autre hier, qui pour un autre brilleront demain! Jamais vous n'entendez de pas aimés dans ces longs corridors; vous êtes tout seul au milieu de cette foule, et votre cœur froissé se replie sur lui-même. Quand vous êtes entré, il n'y avait point de cendres au foyer; la pendule arrêtée dormait, et cette émanation du vide, odeur impossible à définir, a offensé vos narines.

C'est triste si l'on est heureux, c'est décourageant si l'on souffre. Je ne sais pas si l'on peut dire que ce soit bon pour s'y reposer, ne fût-ce qu'un jour. L'Anglais, seul au monde, y vit tout naturellement et s'y trouve mieux que chez lui.

M. Vauthier nous a dit très exactement ce qui s'était passé dans la chambre occupée par les Des Garennes, depuis leur arrivée à l'hôtel Saint-Georges. Ils étaient là dépaysés et désœuvrés. La châtelaine avait conservé sur la famille son pouvoir despotique, et l'on était parti d'Anjou sur son ordre, sans autre explication. Durant le trajet, cependant, elle avait laissé voir que son but était d'essayer une démarche auprès de Peter Bristol. Elle avait attendu jusqu'au dernier moment pour faire à son mari cette ouverture relative à Camille, non point qu'elle en prévît le résultat négatif, jusqu'alors Des Garennes ne lui avait jamais désobéi, mais parce que le mal qui la minait sourdement lui donnait de la paresse.

La réponse de Des Garennes la jeta dans un étonnement profond. Depuis la catastrophe, en effet, Des Garennes semblait moins que jamais capable de résistance. Sa vie, bornée à deux actes : dormir et manger, n'était plus qu'une sorte de végétation imbécile. — La châtelaine crut d'abord avoir mal entendu, tant cette réponse honorable et ferme était en dehors de la vraisemblance; mais elle n'insista point, elle avait deux cordes à son arc.

Elle sortit pour aller où nous savons. Des Garennes resta un instant debout à la place même où sa femme l'avait laissé ; sa tête était courbée sur sa poitrine ; il semblait écouter le pas pénible de la châtelaine qui descendait lentement l'escalier. Et, à mesure que le pas s'éloignait, la respiration sortait plus libre des poumons du pauvre Des Garennes. Vous eussiez dit qu'une invisible main soulevait le poids qui lui chargeait le cœur. Ainsi respire le captif qui perd de vue, durant un instant, son geôlier impitoyable. Peu à peu, son front se redressa; un éclair de pensée brilla furtivement dans son regard; il eut comme un sourire et se glissa vers le coin de la chambre où la vieille femme et les deux enfants étaient assis.

— Faites-moi une petite place, dit-il, je veux être avec vous.

Il s'assit sur le siége de Roland, entre maman Richard et Camille.

— Qu'on est bien là ! murmura-t-il.

Puis le nuage sembla redescendre sur son esprit et il égara ses yeux mornes dans le vide. Les deux enfants le contemplaient avec un respect triste. Maman Richard lui avait pris la main, qu'elle caressait entre les siennes.

— Je sais bien ce qui le tient, le pauvre gars ! dit-elle d'un ton de tendre compassion. — Il veut manger.

— Non, fit Des Garennes, qui secoua

la tête ; — je n'ai pas faim, aujourd'hui.

Camille, Roland et maman Richard échangèrent un coup-d'œil.

— Oh! oh!..... commença la bonne femme.

Elle n'eut pas le temps de poursuivre, et resta bouche béante en voyant deux grosses larmes rouler sur les joues de Des Garennes.

— Thomas, mon fils Thomas! s'écria-t-elle.

Celui-ci cacha son visage entre ses mains.

— Je souhaite que Dieu lui pardonne !... balbutia-t-il, c'est ma faute... Un honnête homme doit avoir la force de faire le bien et de repousser le mal !

Il y avait six semaines qu'il n'avait prononcé une parole raisonnable. Les deux enfants et l'aïeule restaient muets de stupeur.

— Mère, poursuivit Des Garennes en retirant sa main, je t'ai chassée de chez moi... Pourquoi m'aimes-tu encore ?

La bonne femme lui jeta ses deux bras autour du cou.

— Ce n'est pas toi..... voulut-elle dire.

— Je t'aimais bien pourtant, ma mère, interrompit Des Garennes, dont les sanglots entrecoupaient la voix. — Crois-moi, je t'aimais bien ! Mais je t'ai chassée, il ne faut pas dire non. La faiblesse peut aller jusqu'au crime. En un même jour, j'ai laissé partir ma mère et j'ai renié mon frère. Le châtiment devait venir ; il est venu : que la volonté de Dieu soit faite !

Roland et Camille, les yeux humides, n'osaient prendre part à l'entretien.

— Tu l'aimais bien aussi, ton frère, mon pauvre Thomas, dit maman Richard. — Quand il partit, autrefois, les autres l'insultèrent et le maudirent... moi je n'avais rien à lui donner... Tu t'approchas de lui, en cachette, il est vrai, car tu avais honte de ton bon cœur, et tu lui mis dans la main un billet de banque...

— C'est vrai ! c'est vrai ! s'écria Des Garennes, qui sourit parmi ses larmes, — ils ont pu me prendre ma maison, mon château, ma fortune, mais je garde ce souvenir-là, qui est mon talisman contre le désespoir.

— Père, bon père ! dit Camille en pressant sa main contre son cœur.

Roland tenait l'autre main et la baisait silencieusement. Maman Richard pensait, les deux enfants aussi : — On avait empoisonné l'âme de cet homme !

Elle n'était plus là, madame Des Garennes, que ce pauvre abusé avait appelé si longtemps sa providence ; — l'incomparable Julie ; — le mauvais génie de cette maison déchue ; elle n'était plus là, mais personne ne formulait contre elle l'accusation méritée.

— Ah ! que vous aviez raison, ma mère, reprit Des Garennes, — de me préférer mon frère Jean !

— Je t'aime mieux que lui, mon fils

Thomas, répondit la vieille femme, — maintenant que tu es le plus malheureux.

— Oui... malheureux, bien malheureux! répéta Des Garennes d'un air sombre. — Mais que je vous dise bien vite tout ce que j'ai là, continua-t-il en touchant sa poitrine, — car je n'oserais peut-être plus parler quand elle sera de retour.

Il mit sa main sur la tête de Roland.

— Tu ne m'en veux donc pas toi? — demanda-t-il, toi que j'avais condamné?

— J'ai toujours espéré en votre bon cœur, mon oncle, répondit Roland.

L'ex-châtelain eut un sourire amer.

—Ah! ah! mon bon cœur! fit-il,—sans le coup qui m'a frappé, tu aurais été soldat, Roland : voilà ce que mon bon cœur eût fait pour toi. On avait mis à mon bon cœur une enveloppe de fer! Je le sentais parfois qui essayait de timides révoltes, mais il était si lâche, mon bon cœur! un mot suffisait pour le réduire au silence !

Il renversa sa tête sur le dos de son siége, et ses yeux se fermèrent à demi.

— Pourtant, reprit-il d'un accent rêveur et doux, tu dis vrai, Roland, si j'avais été seul, je crois que j'aurais fait deux heureux... car, bien souvent, je vous ai suivis de loin dans vos promenades au parc... Je vous voyais entrer chez ma mère, et je savais bien qu'elle était votre complice... Je revenais au château tout pensif, et je me disais : N'est-ce point un crime que de rompre ces belles amours? Mais au château je la retrouvais. C'était un rêve d'ambition insensée... un mirage au travers duquel je voyais rouler un fleuve d'or!

— Et maintenant, s'interompit-il avec découragement, plus rien! Il a fallu la misère, pauvres enfants chéris, pour vous défendre contre moi!

— Eh bien! s'écria maman Richard,

qui cligna de l'œil en regardant les deux jeunes gens, vive la misère, alors ! Tu étais pauvre quand tu épousas ta première femme, mon fils Thomas, et je me souviens que la mélancolie n'avait que faire dans votre petit ménage. Roland a de bons bras, sa femme ne mourra pas de faim. Voyons, voyons, qu'il y ait encore chez nous un jour de fête ! Donne-moi ta main, petite fille !

Roland et Camille tendirent leurs mains tremblantes, que la bonne femme réunit dans les siennes.

— Thomas, dit-elle, veux-tu bénir cette union-là ?... Mes deux enfants sont-ils deux fiancés ?

Des Garennes allait répondre, lorsque la porte de la chambre s'ouvrit brusquement. Tous ceux qui étaient là crurent rêver, car ils virent apparaître sur le seuil la châtelaine en grande toilette, toute brillante et fière comme au temps de sa splendeur. Elle avait aux lèvres un orgueilleux sourire.

— Nous achèverons ces fiançailles une autre fois, dit-elle d'un accent plein de sarcasme, — ma voiture attend en bas, et il est l'heure de nous rendre chez Peter Bristol qui nous attend.

Ce fut une chose singulière que l'arrivée de la famille Des Garennes à la demeure de l'opulent banquier de Boston. La toilette élégante et toute fraîche de la châtelaine faisait ressortir le pauvre état où se trouvaient ses compagnons ; Camille avait toujours en effet sa petite robe d'indienne et Roland sa veste de chasse. Maman Richard n'était ni plus ni moins coquette qu'autrefois, et Des Garennes portait la veste de paysan et le chapeau de paille qu'il avait pris, quelques semaines auparavant, pour se soustraire aux recherches de ses trop bons parents.

Les valets de Peter Bristol les virent descendre tous les cinq du même fiacre ; leur première idée fut que c'était une grande dame escortant une famille de protégés. Puis, je ne sais pourquoi, la grande dame leur sembla tout à coup une folle échappée et ramenée par ses amis. Ils avaient des ordres, ils firent entrer la famille Des Garennes. Les domestiques de Peter Bristol avaient d'ailleurs l'habitude d'ouvrir la porte à bien des malheureux tous les jours ; mais c'était la première fois qu'ils voyaient cette femme si brillamment parée à l'œil étrange et presque hagard. Il était impossible de ne point la remarquer, il y avait en elle je ne sais quoi de menaçant pour elle-même ou pour les autres.

Quand les Des Garennes traversèrent le vestibule, Vauthier était en train de convoquer par exprès, pour ce soir même, tous les membres de la tribu Richard ; ainsi l'avait voulu son maître.

La châtelaine eut un tressaillement en reconnaissant l'homme qui avait frappé le premier coup au milieu de la fête; Des Garennes le reconnut aussi et baissa les yeux timidement.

— J'ai écrit à M. Peter Bristol, dit la châtelaine à voix basse, — pour lui demander une audience.

— Peter Bristol, répondit Vauthier qui s'inclina, — ne donne point d'audience, madame... du matin jusqu'au soir il reçoit ceux qui ont besoin de lui.

— Nous avons besoin de lui... balbutia la châtelaine.

— John ! dit Vauthier en s'adressant à un valet, — conduisez ce jeune homme et et cette jeune demoiselle chez le patron.

— Comment ! moi ? fit Roland pris à l'improviste.

— Moi ? répéta Camille étonnée.

— Veuillez suivre cet homme, continua Vauthier en leur montrant John.

Camille et Roland consultèrent du regard M. Des Garennes.

— Allez ! leur dit la châtelaine séchement.

Les jeunes gens ne bougèrent pas.

— Allez, mes pauvres enfants, murmura Des Garennes à son tour, — notre sort est désormais entre les mains de Dieu.

Camille et Roland suivirent le domestique.

— Saunder, reprit Vauthier, — introduisez madame et monsieur dans le salon d'attente.

Des Garennes et maman Richard suivirent aussitôt Saunder.

— Veuillez venir avec moi, madame, dit

Vauthier, qui offrit galamment son bras à la châtelaine.

Un domestique les précédait et ouvrait à deux battants les portes devant eux. La dernière porte qui s'ouvrit laissa voir un splendide salon tout éblouissant de lumières, un salon trois fois plus beau certainement que le fameux salon Louis XV du château Des Garennes. Vauthier conduisit la châtelaine jusqu'au divan, l'y fit asseoir, s'inclina profondément et sortit.

A ce moment même Peter Bristol recevait Camille et Roland dans sa chambre; là, ce n'était certes pas la magnificence qui pouvait imposer. Nous avons dit déjà que la chambre de Peter Bristol faisait tache au milieu des magnificences de ce somptueux hôtel; et pourtant les deux enfants arrivaient là bien tremblants; Roland presque autant que Camille.

Il y avait réellement chez ce Peter Bristol quelque chose qui inspirait le respect et la crainte. Ce n'était pas sans raison que la gaîté-Richard, rachetant par derrière les respects exagérés qu'on prodiguait en face au banquier américain, l'avait surnommé le grand Lama. — Souvenons-nous encore que la petite Toinette n'avait pu comparer cet homme qu'aux types merveilleux qu'elle avait admirés dans les livres de chevalerie.

Il était assis à l'angle de la cheminée;

sa barbe soyeuse tombait à longs flots sur
l'étoffe sombre de sa robe; il avait la tête
nue, et ses cheveux ras laissaient jouer
la lumière sur les contours purs et fiers de
son front.

Camille et Roland restaient auprès de la
porte ; Peter Bristol leur fit signe d'appro-
cher, ils obéirent. Peter Bristol leur montra deux siéges placés en face de lui, l'un
à côté de l'autre, et leur dit de s'asseoir;
ils obéirent encore. Peter Bristol se renversa sur le dos de son fauteuil et mit sa
main étendue au-devant de ses paupières
pour les considérer mieux. Cela dura un
peu de temps, et l'embarras des deux pauvres enfants était au comble.

— Y a-t-il longtemps que vous vous aimez? demanda enfin Peter Bristol négligemment et comme par manière d'acquit.

Camille devint rouge comme une cerise et Roland fronça le sourcil. Peter Bristol croisa ses jambes l'une sur l'autre et laissa retomber sa main.

— Jeune homme, reprit-il, — vous auriez dû me venir voir plus tôt. Nous avions échangé quelques paroles là-bas, dans le parc... pendant huit jours, au moins, j'ai attendu votre visite.

— L'idée de m'adresser à vous m'est venue, monsieur, répondit Roland ; — mais nous étions si bas tombés!... J'ai manqué de courage.

Peter Bristol se mit à sourire.

— La jeune fille, je ne dis pas, dit-il, — c'était une héritière; mais vous, jeune homme, puisque vous n'avez rien, qu'avez-vous donc perdu ?

Roland se mordit la lèvre.

— Est-ce que vous aviez compté sur la dot ? reprit Peter Bristol.

— Monsieur!... s'écria Roland qui pâlit.

—Modérez-vous, interrompit l'Américain je ne vous veux point de mal, mais je n'ai nulle raison bien positive de m'intéresser à vous, et je ne tolérerais pas un manque de convenance.

— Monsieur, je vous demande pardon, dit Roland d'une voix affermie, car il faisait appel à tout son courage, — je venais vers vous en suppliant. On m'avait rapporté que dans le conseil de famille vous aviez témoigné à mon égard un intérêt bien généreux et dont je vous rends grâce. L'objet de notre visite...

Peter Bristol bâilla et fit un geste de la main, qui cloua la parole aux lèvres de Roland. Camille n'espérait déjà plus.

— Laissons là l'objet de votre visite, fit l'Américain avec fatigue. — Ma jolie demoiselle, eussiez-vous consenti à épouser M. Richard Du Guéret, votre cousin.

— Monsieur... balbutia Camille.

— J'entends, poursuivit l'Américain, — si votre père vous avait dit : je le veux?

— C'eût été la première fois que j'aurais désobéi à mon père, monsieur.

— Mais lui auriez-vous désobéi ?

Camille hésita.

— Non, n'est-ce pas? vous auriez bien pleuré..., mais en définitive...

Savez-vous, s'interrompit-il, — que cette faillite est un événement fort heureux pour vous? Cela rapproche bien les distances. Je voudrais gager que M. Des Garennes ne s'oppose plus à votre union... Ai-je deviné?

— Mon oncle a donné son consentement ce soir, dit Roland.

— Vraiment! c'est si avancé que cela! On aura dû profiter de l'instant où madame Des Garennes faisait sa toilette. Mais n'y a-t-il point un dernier obstacle à lever?

Vous êtes soldat, jeune homme, il vous faudra bientôt partir.

En vérité, l'Américain disait cela d'un air content et presque triomphant; ce fut Camille qui lui répondit :

— Cet obstacle n'existe plus, monsieur, dit-elle, — Roland ne partira pas.

— Je devine! s'écria vivement Peter Bristol. — M. Roland vient me redemander les deux mille francs qu'il m'a confiés.

Roland était bien peu de chose auprès

de ce Crésus d'outre-mer, et pourtant Roland eut un dédaigneux sourire.

— Non, monsieur, non, fit-il sans colère cette fois, — je ne viens point vous réclamer les deux mille francs que je vous ai confiés. Ceci est le pain de mon père. Mais Dieu est bon et Camille a dit vrai, je ne partirai pas.

— Comment ferez-vous ?

— Cela vous intéresse-t-il donc beaucoup ? demanda Roland.

— Ma jolie demoiselle, dit Peter Bristol,

— ayez la complaisance de m'expliquer cette énigme. Je m'adresse à vous, parce que votre cousin oublie trop souvent dans quelle situation nous sommes vis-à-vis l'un de l'autre. Vous êtes femme, vous, et vous saurez vous plier à la nécessité.

Camille était femme, en effet, car elle eut un sourire.

— Mon Dieu, dit-elle doucement, — il suffisait que vous eussiez fantaisie de savoir... Nous avions un voisin qui se nommait Pierre Tassel et qui était l'unique appui de sa mère. Roland et Pierre Tassel sont du même âge, ils ont tiré ensemble à la conscription. Vous ne savez peut-être pas comment cela se fait chez nous, monsieur; il me suffira de vous dire que Pierre Tassel choisit volontairement le numéro qui devait faire de Roland un soldat.

— Peste! s'écria Peter Bristol: — c'était là une générosité tout à fait romanesque!

— Elle était bien placée, reprit Camille, — et le peu de bien que nous avons pu faire autrefois, monsieur, nous a été rendu au centuple depuis notre malheur. Pierre Tassel a découvert notre retraite, il est venu avec sa pauvre vieille mère et sa fiancée nous faire ses adieux, en partant pour rejoindre le régiment.

— Allons, allons! dit Peter Bristol, qui faisait effort pour garder sa sceptique froideur, — ce Pierre Tassel est un garçon fort honorable! Je souhaite que sa vieille mère ne meure point de faim en son absence. Quant à sa fiancée...

— Monsieur, interrompit Camille d'une voix émue, le généreux caprice d'un homme très riche a mis la fiancée de Pierre Tassel à même de donner du pain à la vieille mère du conscrit. Ne vous souvenez-vous plus d'avoir jeté un jour vingt guinées sur une table de l'auberge du Cheval-Blanc ?

— Ma foi non, dit Peter Bristol en se levant, je ne m'en souviens plus.

Il fit un tour de chambre et revint se placer devant les deux jeunes gens.

— Alors c'est une chose entendue? dit-il, — vous allez vous marier... pauvres comme Job; rien dans le présent, rien dans l'avenir ? Vous allez mettre au monde des enfants, malheureuses créatures, qui n'auront ni éducation, ni bien-être !...

Il s'interrompit et ajouta brusquement.

— Monsieur Roland, venez me parler, je vous prie.

Camille se détourna pour que Roland ne vit point qu'elle avait des larmes aux yeux.

— Roland se leva : l'Américain passa son bras sous le sien et l'entraîna jusqu'à l'autre bout de la chambre. Il lui parla un instant à voix basse. Camille dont le regard inquiet suivait avidement cette scène, vit son fiancé reculer et pâlir. Peter Bristol continua de parler ; Roland baissa la tête en silence.

— Voilà qui est bien! dit tout haut Peter Bristol.

Il revint auprès de la cheminée, laissant Roland comme attéré.

— A notre tour, ma jolie demoiselle, reprit-il, en s'asseyant à côté de Camille,

— il faut que nous causions tous les deux.

— Dans le premier moment, poursuivit-il en parlant tout haut, vous pourrez bien me maudire l'un l'autre, car je dérange de très doux projets... mais plus tard, vous verrez que l'on ne fait rien pour rien en ce monde... Et en définitive, je vous achète votre bonheur un bon prix!

Roland était tombé sur un siége et semblait frappé de la foudre. — Peter Bristol se prit à parler tout bas à la jeune fille, qui fit comme son fiancé et perdit en un clin d'œil ses fraîches couleurs. Cela dura un peu plus longtemps pour Camille que pour Roland.

— Voilà qui est bien ! dit encore l'Américain en achevant, — c'est à vous maintenant de réfléchir. Je vous donne une heure. Vous me ferez savoir votre décision.

Ses lèvres effleurèrent la main froide de Camille, et il fit à Roland un signe de tête souriant. — Puis il sortit, les laissant seuls tous deux.

Ils avaient une heure pour réfléchir, et déjà l'aiguille avait fait la moitié du tour du cadran. Ils restaient là, chacun à sa place, muets et comme engourdis.

— Camille, demanda enfin Roland d'une

voix altérée, que t'a dit cette homme pour te rendre si triste ?

— Et toi, Roland ? repartit la jeune fille, — qu'a-t-il pu te dire pour te décourager ainsi ?

Roland essaya de se mettre sur ses jambes, et il chancela prêt à tomber à la renverse; il traversa la chambre en s'appuyant aux meubles et vint jusqu'à sa fiancée, qui lui tendit ses deux mains en pleurant.

— Camille, ma pauvre Camille, murmura-t-il, nous sommes bien malheureux.

— Oui.... bien malheureux ! répéta la jeune fille.

Roland s'affaissa sur le siége que Peter Bristol venait de quitter et attira la jeune fille contre son cœur.

— Il t'aime, n'est-ce pas? balbutia-t-il.

— Il me l'a dit, répliqua la pauvre Camille d'une voix étouffée.

— Oh! cet homme est un démon! s'écria Roland dont les poings se fermèrent convulsivement. — Il a trouvé un lien pour m'enchaîner le cœur!

La chaîne qu'il a trouvée pour toi, demanda Camille en levant ses beaux yeux vers le ciel, — est-elle aussi forte que le lien qui me fait sa prisonnière ?

— Mon père qui est malheureux là-bas! fit Roland.

— Mon père qui souffre ici sous mes yeux! dit Camille.

— Tout seul, reprit le jeune homme, — dans ce pays qui n'est pas sa patrie.... affaibli déjà et brisé par le chagrin.... demandant à Dieu parfois de revoir son fils dont il se souvient et qu'il aime!

— Accablé par sa chute, disait de son côté la jeune fille, — vieilli de vingt années en quelques semaines..... entouré de parents qui sont des ennemis !

— Mais enfin que t'a-t-il dit, Camille ?

— Il m'a dit que, pour prix de ma main, il rendrait la fortune à mon père... Et toi, que t'a-t-il dit ?

— Il m'a dit de renoncer à toi, Camille... Il m'a dit que, pour prix de ce sacrifice, il ferait de mon père un homme heureux et riche.

Ils pleuraient tous les deux et leurs mains étaient unies.

— Que vas-tu répondre, Camille? demanda enfin Roland.

Un sanglot souleva sa poitrine. — La jeune fille dit en se couvrant le visage de ses mains :

— Et toi, Roland que vas-tu répondre?

CHAPITRE VINGT-UNIEME

OU L'ON PARLE D'AMOUR.

On ne saurait nier sans injustice l'influence que la robe de chambre a exercée sur la littérature contemporaine. C'est surtout dans le roman que ce vêtement chaud et commode a conquis une position considérable. Il faut être un homme de grand talent pour bien faire sa robe de chambre ; cela exige non seulement du style, mais encore certaines connaissances spéciales qui semblent rentrer dans le domaine des marchands de draperies et nouveautés. Aussi beaucoup de jeunes gens ont-ils échoué dans cette entreprise malaisée. La robe de chambre, on peut le dire, a été la pierre de touche du génie de nos conteurs. Nous en avons eu de très belles nous en avons eu de passables ; quelques-unes ont porté jusqu'au sublime la hardiesse de leur originalité.

Il est telle robe de chambre, décrite en plusieurs chapitres, couture à couture, brandebourg à brandebourg, qui eût mé-

rité assurément la médaille d'or à l'exposition de l'industrie, compartiment des tailleurs. De nos jours, Boileau aurait écrit en prose, ce qui lui eût permis de dire :
Une robe de chambre sans défaut vaut seule un long poème.

Il y a aussi des peintures précieuses de pipes orientales.... Mais nous avons pris l'engagement avec nous-même de ne décrire ni la pipe ni la robe de chambre de Peter Bristol. D'ailleurs, ce ne serait pas ici le lieu, car madame Des Garennes était encore toute seule dans le magnifique salon du grand Lama.

Il y avait longtemps qu'elle attendait.

Un flux désordonné de pensées se mêlait dans sa tête, brûlante de fièvre. C'étaient des espoirs que nous ne saurions dire au lecteur, tout de suite et sans préparation, parce que le lecteur nous soupçonnerait de folie ; c'étaient des craintes soudaines qui n'avaient point de motifs.

Madame Des Garennes avait un but ; sa démarche était fondée sur un calcul, il était dans sa nature même de ne rien donner au hasard, et ce qu'elle osait maintenant était le résultat d'un travail diplomatique. Mais les diplomates sont malades parfois comme les autres enfants d'Adam et sujets à perdre la tête. On a vu cela dans l'ordre politique. Alors, surgissent les combinaisons prodigieuses ;

tout est préparé pour retourner l'Europe sens dessus dessous ; si l'Europe reste à sa place, en définitive, cela tient à un cheveu. Ce cheveu que les païens nommaient la Destinée est à la vérité plus fort que tous les câbles du monde.

Au premier moment, la châtelaine avait été fort aise de se trouver seule avec elle-même : il lui fallait le temps de se recorder et de mettre un peu d'ordre dans le système d'attaques et de parades préparées pour la lutte prochaine.

Son regard fit le tour du salon, et ses yeux brillèrent aux reflets de toutes ces splendeurs.

— Cela serait à moi !.... murmura-t-elle.

Elle alla prendre place sur un divan vis-à-vis d'une grande glace et passa plusieurs minutes à étudier sa pose, comme une comédienne qui va faire son entrée. Les plis de sa robe furent drapés selon toutes les règles de l'art. Elle ôta et remit sa capote fleurie pour arrondir les boucles de ses beaux cheveux blonds. Elle était fière et se sentait pleine de courage en voyant l'animation inespérée de son teint, l'éclat étrange de ses yeux. Le salon était large et la glace éloignée; si la châtelaine se fût regardée de très près, peut-être n'eût-elle point eu tant de vaillance. Elle était belle, ce soir; Justine avait réussi sa toilette; mais, comme nous le disions naguère, il y avait sur ce visage je ne sais quoi de menaçant et de sinistre. — De près, la châtelaine aurait vu ces rides naissantes, creusées par la maladie. De près elle aurait vu le désespoir aux aguets prêt à poindre sous le sourire.

— Il tarde bien! pensa-t-elle quand la pendule marqua le premier quart d'heure écoulé.

Puis, tout à coup, une idée que vous eussiez pu lire sur son visage lui traversa l'esprit; elle se dit :

— Il est là peut-être à m'épier derrière quelque draperie, soulevée à demi...

Et sa pose se fit plus gracieuse; elle pencha la tête plus indolemment, tandis que son regard se noyait dans la rêverie. Jouer la comédie de façon ou d'autre était parfaitement dans le caractère de madame Des Garennes; ce qui ne lui appartenait point, c'était cette pensée niaisement romanesque d'un homme caché pour l'admirer de loin. — C'était la fièvre, ce rude niveau qui égalise les intelligences, la fièvre qui fatigue des mêmes rêves les hommes d'État déchus et les concierges sans emploi.

Quand madame Des Garennes eut gardé quelque temps en pure perte sa posture agaçante, elle se redressa indignée.

— Quand j'étais riche, je faisais attendre les autres ! murmura-t-elle, sans songer que cette parole était l'excuse de son hôte et sa propre condamnation.

Un léger bruit se fit dans la chambre voisine ; tout le corps de la châtelaine tressaillit, et en ce dernier moment un rapide éclair illumina sa raison. — Mais elle se raidit et ferma les yeux pour ne point voir.

— Non, non ! pensa-t-elle, — ces Américains ne sont pas faits comme les autres hommes. Tout ce qui est bizarre les attire et les séduit. Il n'y a rien d'extravagant dans mon espoir...

Une portière se souleva et Peter Bristol

parut sur le seuil. Il s'avança lentement vers la châtelaine, qui crut lire sur ses traits une émotion profonde. La châtelaine ne se trompait point. Peter Bristol était ému profondément. Il venait de quitter Roland et Camille. — Cette soirée devait être solennelle dans sa vie.

Peter Bristol, après avoir fait un salut courtois, presque respectueux, ce qui est rare dans les mœurs américaines, resta debout et immobile devant la châtelaine. Il la considérait attentivement et se disait:

— Elle est bien changée! Peut-être me suis-je trompé...

Madame Des Garennes leva les yeux sur

lui et les baissa aussitôt avec une timidité mal jouée. — Peter Bristol fronça le sourcil.

— Elle a fait bien du mal! pensa-t-il encore. — J'ai du moins le droit de sonder sa conscience.

Un soupir s'exhala des lèvres de la châtelaine. Ceci n'était pas une feinte, car elle attendait bien impatiemment.

— Madame, lui dit Peter Bristol d'une voix douce et grave, — un jour que votre mari était malade, vous vous chargeâtes de la correspondance particulière qu'il entretenait avec moi. Ce jour-là, je conçus le désir de faire un voyage en Europe.

— Qu'y avait-il donc dans cette lettre, monsieur? demanda madame Des Garennes en essayant de sourire.

Mais la joie lui étreignait le cœur, une joie maladive et poignante. Du premier coup, l'invraisemblance de son rêve se faisait réalité.

— Il n'y avait rien, madame, répondit l'Américain avec une tristesse dont la châtelaine ne devina point le motif, — rien que des chiffres coupés par des formules commerciales. Pardonnez-moi, si je ne mets pas dans mes paroles les délicatesses de la galanterie française. Là-bas, dans mon pays, nous savons dire ce que nous ressentons, ce que nous voulons, ce que nous offrons : voilà tout.

Les paupières de madame Des Garennes s'entr'ouvrirent; elle vit, fixé sur elle, l'œil ardent de Peter Bristol. — Elle eut peur dans sa joie, parce qu'il lui sembla entrevoir sous cette flamme la sévérité d'un regard de juge.

Mais n'explique-t-elle pas toute l'excentricité de ce peuple bizarre?

— Vous ne répondez pas? reprit Peter Bristol.

— Que pourrais-je répondre? murmura madame Des Garennes. — Je n'étais pas venue pour entendre cela.

— Ah! fit le banquier. — Dites-vous vrai, madame?

— Monsieur...

— Il faut nous prendre comme nous sommes et parler comme nous parlons. Je vous demande si vous dites vrai, madame... ou, pour m'exprimer autrement, je vous demande si ce n'est point la lettre de M. de La Luzerne qui a déterminé votre venue?

— Je mentirais si je disais le contraire.

— M. de La Luzerne vous aimait-il assez pour vous écrire cette lettre de son propre mouvement?

— Il nous écrivait parfois quand nous étions heureux.

— Vous n'avez pas répondu, madame et je change encore la formule de ma question : N'avez-vous point deviné que j'avais fait écrire la lettre ?

— Monsieur, monsieur! s'écria la châtelaine avec tous les signes d'un grand trouble, — je vous en conjure, épargnez-moi ! je suis mariée !

— Il y a des institutions qui ont vieilli, prononça gravement le banquier. — Qui sait où va le monde nouveau ? Au fond de votre société sénile, des esprits hardis s'agitent et préparent l'avenir. Moi qui suis d'un pays tout jeune, comment voulez-vous que je m'arrête à vos barrières qui tombent en ruines ? comment voulez-vous que je respecte vos idoles qui vont s'en aller en poussière ?

Il regarda un instant la châtelaine et reprit en baissant la voix :

— C'est à dater de ce message, écrit en entier de votre main, que j'ai accordé un crédit illimité à la maison Des Garennes.

— J'y songeais, monsieur, et je songeais aussi au résultat fatal de votre confiance !

Peter Bristol se croisa les bras sur la poitrine.

— Il est un axiome commun aux marchands de tous les pays, prononça-t-il lentement : — Il faut déprécier les valeurs dont on veut se rendre maître.

— Et vous vouliez ?...

— Je vous aime, madame, depuis le jour où j'ai porté à mes lèvres le papier chargé de votre écriture.

Madame Des Garennes se leva comme épouvantée. A son tour elle croisa les bras sur sa poitrine et son œil enflammé prit une expression véritablement tragique.

Peter Bristol était en ce moment un acteur qui tenait bien son rôle. Madame Des Garennes dominait le sien. L'inspiration lui était venue. Elle avait l'avantage.

— Il y a donc une fatalité!... s'écria-t-elle avec un geste admirable, — ces longues heures de torture, ce martyre que j'ai subi là-bas, alors qu'ils me croyaient écrasée seulement sous le fardeau de la misère, ces larmes de sang que j'ai versées, n'ont donc pu fléchir encore la colère du ciel ! Je devais arriver jusqu'à ce suprême malheur, de perdre la paix de ma conscience !

Elle joignit les mains. Peter Pristol fixait sur elle ses yeux véritablement étonnés.
— Il ne s'attendait pas à cela.

— Demandez, reprit la châtelaine qui avait des larmes dans la voix, — demandez à ceux qui m'ont connue si j'ai été fidèle épouse... Eh bien ! je ne l'aimais pas, pourtant, ce mari que j'entourais de mon dévoûment infatigable ! Je m'étais liée à lui toute jeune, presque enfant, comme on fait en nos familles commerciales, sans savoir, sans songer à l'avenir... Et tout à coup, un homme arrive à l'improviste! On me le montre sous un aspect romanesque, étrange, étrange pour moi surtout qui ne connais rien en dehors de notre cercle industriel. Cet homme demande l'hospitalité au château; je le vois; je sens qu'une crise fatale menace ma destinée. Je m'éloigne de lui, je feins envers lui de la dureté, des dédains, — car, souvenez-vous-en, monsieur, au conseil de famille j'ai été dure envers vous, j'ai été méprisante... Oh! il faut me juger de haut, s'interrompit-elle en se redressant; — que m'importait à moi que vous fussiez Peter Bristol, le riche, ou son pauvre commis? J'ai lutté contre vous, monsieur, j'ai lutté pour mon mari jusqu'à la dernière heure. Et je vous le dis, après l'aveu que je viens de vous faire, il n'y a plus rien pour moi dans la vie !

Elle se laissa tomber sur le divan et cacha son visage entre ses mains. Les traits de Peter Bristol exprimaient un embarras mêlé d'étonnement. Ce n'était pas du tout la passion qu'il croyait trouver là.

Les hommes excusent presque toujours l'entraînement dont ils sont l'objet.

Peter Bristol se mit à parcourir la chambre à grands pas.

En cet instant, il oublia franchement son rôle d'amoureux. Il est hors de doute que, devant un aveu semblable à celui de madames Des Garennes, Don Juan, fût-il devenu citoyen des États-Unis, n'arpenterait point un salon de long en large, les sourcils froncés et les mains derrière le dos. Mais peut-être est-ce ainsi que les banquiers de Boston mènent l'amour.

La promenade ne calmait point l'agitation de Peter Bristol. Plus il allait, plus sa préoccupation semblait profonde, et nous ne savons combien de lieues il aurait fait ainsi sur le tapis, si un petit incident ne l'eût arrêté court.

Le salon du grand hôtel était octogone,

et chaque pan avait une glace. En un jour ordinaire, la châtelaine aurait certainement remarqué cela ; mais aujourd'hui elle avait les yeux fixés sur son but, et son but l'éblouissait comme le soleil. En se promenant, Peter Bristol vit tout à coup devant lui, dans une glace, l'image reflétée de madame Des Garennes. — Pauvre victime d'un irrésistible amour! — Peter Bristol était en train justement d'établir des distinctions subtiles entre les crimes qu'il faut punir et les crimes qu'il faut plaindre. Le petit discours de la châtelaine avait résumé la situation avec un merveilleux bonheur ; il contenait réponse à tout, ce petit discours; il expliquait jusqu'à la dureté de madame Des Garenes envers son neveu Roland. Ce n'était pas Roland qu'elle avait frappé, la malheureuse femme, c'était l'homme qui défendait Roland, — l'homme qu'elle avait peur d'aimer.

Restait bien l'affaire de maman Richard ; mais il est permis d'oublier un détail, et Peter Bristol ne songeait pas à maman Richard. Il était pris, il était convaincu ; à peine osa-t-il jeter un regard timide sur cette glace qui lui montrait sa *victime*. Il faut répéter ce mot pour peindre l'état moral de ce bon Peter Bristol, qui avait des remords.

Il regarda pourtant un petit peu et en dessous ; il vit sa victime et crut rêver. Sa victime n'était point reconnaissable ; sa victime le suivait d'un œil inquiet et avide, comme la chatte gourmande qui guette d'en bas un oiseau. Peter Bristol se retourna ; la châtelaine avait repris sa pose de madone, et ses paupières laissaient tomber leurs grands cils sur ses joues. Le front de Peter Bristol se couvrit de pâleur ; mais il eut un sourire, et sa respiration souleva fortement sa poitrine.

— Madame, dit-il en s'arrêtant de nouveau devant la châtelaine, — je vois que ma conduite vous étonne. Je crains qu'elle ne vous déplaise. Je devrais être en ce moment à vos genoux.

Madame Des Garennes secoua la tête avec lenteur.

— Ne doutez pas de moi, s'écria Peter Bristol, dont la voix glacée faisait en vérité contraste avec la chaleur de ses protestations. — J'aurais payé ce moment au prix de toute ma fortune! Si nos manières sont froides, madame, notre cœur est brûlant.

— Je le sais, murmura l'incomparable Julie ; — vous parlez peu, vous agissez beaucoup.

L'Américain fit comme s'il sentait l'éperon, et saisit la main de la châtelaine en lui disant :

— Il faut cinq heures pour gagner Boulogne, autant pour aller à Londres. Voulez-vous venir avec moi ?

— Un enlèvement !... murmura madame Des Garennes.

Nous ne saurions point définir l'expression qu'elle mit à ce mot. Ses yeux s'ouvrirent tout grands ; elle regarda son séducteur en face. Peter Bristol n'était pas au bout de ses étonnements.

— En Angleterre, dit-elle d'une voix basse mais accentuée, — on peut se marier sans papiers. Je vous prie, monsieur, de ne point m'interrompre. Vous parliez tout à l'heure de préjugés que vous n'avez point: vos opinions à cet égard sont les miennes. Le mariage n'est rien comme institution sociale, et j'ai beau interroger ma conscience, je n'y trouve point de remords. Mais au point de vue de la femme isolée et sans soutien, qui va confier à autrui son avenir tout entier, le mariage est quelque chose.

— Vous n'avez donc pas foi en mon amour? demanda Peter Bristol.

— Le mariage est quelque chose, poursuivit la châtelaine, au lieu de répondre, — au point de vue extérieur du monde. Je le désire comme garantie un peu, et beaucoup comme parure. J'étais femme mariée ici ; je ne veux point déchoir ailleurs.

— Vous savez pourtant que la loi... voulut interrompre Peter Bristol.

— Nous serons dans un autre hémisphère, répliqua la châtelaine, — et vous êtes assez riche pour aveugler la loi. Le crime, s'il y a crime, sera entre Dieu et nous. Je vous aime assez pour braver Dieu.

Peter eut comme un frisson en écoutant ce froid blasphème.

— Il n'y a point au monde de femme

comme vous! madame, murmura-t-il; —
attendez-moi, je vous prie.

Il s'inclina et sortit précipitamment.

Madame Des Garennes se leva toute
droite. Le triomphe éclatait dans ses yeux;
elle était forte, elle était guérie; sa jeu-
nesse renaissait dans cette victoire déci-
sive.

— Cent fois plus riche qu'avant ma
chute! s'écria-t-elle; — la mer immense
entre moi et des souvenirs odieux! Cet
homme ne sait même pas dire comme il
aime. Je le subjuguerai, je le ferai mon
esclave. Oh! j'ai encore de longs jours à

vivre, opulente et plus heureuse qu'une reine !

Elle regardait la porte : elle attendait Peter Bristol en costume de voyage, une valise à la main. — Peter Bristol était à quelques pas de là, en compagnie de Vauthier et de l'honnête Vendredi.

— Vous souffrez ? lui disait Vauthier ; — jamais je ne vous avais vu si pâle !

— Oui, répliqua l'Américain, sans savoir qu'il parlait, je souffre...

— Vendredi, va me chercher des rasoirs, s'interrompit-il.

Puis il ajouta au dedans de lui-même avec un frisson plus fort :

— J'ai vu le diable !

— Voulez-vous un médecin ? lui demanda Vauthier.

— Non, non, répliqua Peter Bristol, qui tâcha de sourire, — cela s'en ira tout seul.

Il s'approcha de sa toilette, et baigna sa tête dans l'eau froide à plusieurs reprises.

— Le diable ! répétait-il, poursuivi par

le souvenir de sa *victime*, — j'ai vu le diable !

— Les Richard sont arrivés, dit Vauthier ; la vieille dame et M. Des Garennes attendent tous les deux dans le salon d'entrée.

Peter Bristol parut se raviser tout à coup.

— Et les deux jeunes gens que j'ai laissés dans ma chambre, demanda-t-il, n'ont-ils rien donné pour moi ?

— Je savais bien que j'oubliais quelque

chose ! s'écria Vauthier, qui mit la main à sa poche ; — quand j'ai vu votre figure bouleversée, je n'ai plus pensé... Voici deux lettres.

Peter Bristol s'en empara vivement ; ses mains tremblaient tandis qu'il les ouvrait.

— De Roland ! murmura-t-il, — pauvre garçon ! il accepte... De Camille... Elle accepte aussi !

— Eh bien ! patron, dit Vauthier, cela vous fait pleurer ?

— Roland dit : Pour mon père ! balbu-

tiait l'Américain en s'essuyant les yeux;
— Camille répète : Pour mon père!... Je remercie Dieu que la chère enfant ne soit point la fille de cette femme!

Vauthier cherchait à comprendre; mais il était à cent lieues du mot de l'énigme.

Au moment où Vendredi rentrait avec les rasoirs, Peter Bristol s'assit et dénoua sa cravate.

— Rase-moi la barbe, dit-il.

Le nègre n'était ni démonstratif ni ba-

vard ; mais il recula de trois pas en s'é-
criant :

— Oh ! maître, on ne vous reconnaîtra plus !

— C'est peut-être ce qu'il veut, murmura Vauthier.

Peter Bristol l'entendit, et se mit à rire.

— Tu n'y es pas, dit-il, — c'est tout le contraire... Allons, Vendredi, en besogne !

Le nègre repassa un des rasoirs sur sa main.

— Toi, Vauthier, reprit Peter Bristol, — fais ouvrir les portes du salon; que tout le monde entre : les Des Garennes, les Richard et le reste!

Le rasoir du nègre grinça, fauchant la barbe épaisse. L'instant d'après, les joues de Peter Bristol étaient lisses et blanches comme celles d'un jouvenceau. Il se regarda dans la glace et pensa tout haut en souriant :

— Ce diable de Vauthier a raison, c'est à peine si je me reconnais moi-même!

Vendredi ramassait pieusement la barbe

sur le parquet, pour en faire des reliques.

— Il sont tous au salon, dit Vauthier en rentrant ; — j'ai bien peur que ces Richard carnassiers ne dévorent les pauvres Des Garennes !

CHAPITRE VINGT-DEUXIÈME

LE PARVENU.

Il n'y avait qu'une seule lampe pour éclairer en ce moment le salon de Peter Bristol, et cette lampe était placée non loin du divan où s'asseyait madame Des Garennes ; cela la mettait en lumière. Sa grande toilette et l'extrême animation de ses traits durent frapper tout d'abord ceux qui entrèrent.

Il y eut beaucoup de monde à entrer.

D'abord, tous les Richard au grand complet : pas un seul ne manqua. L'attraction qu'opérait sur eux la fortune du banquier américain tenait du prodige. Outre la tribu, quelques créanciers de la faillite furent introduits, ainsi que la famille Des Garennes. On put remarquer une circonstance étrange. Les pauvres Des Garennes se tinrent à l'écart, le plus loin possible de cette femme richement parée qui leur appartenait de si près. Des Garennes était entré, donnant le bras à sa vieille mère et précédant les deux enfants, qui avaient les yeux fatigués de larmes. La châtelaine, sur son divan, promenait tout au tour du salon, qui allait s'emplissant de minute en minute, un regard superbe et presque railleur. Les Richard recommencèrent à trembler devant elle. S'ils l'eussent retrouvée, comme ils s'y attendaient, humble, vaincue, écrasée sous la misère, les Richard auraient mis le pied sur son front : c'est la loi ; mais ils la revoyaient armée en guerre, et l'inquiétude les prenait, parce qu'ils la savait capable de tout.

Pourquoi était-elle là ? Pourquoi ne se réunissait-elle point à son mari, à sa fille, à sa belle-mère ? Pourquoi ce contraste qui frisait l'indécence, entre l'indigent aspect du reste de la famille et le luxe inopinément étalé par la châtelaine ?

On allait voir quelque chose d'extraordinaire : tout le monde s'y attendait ; ceux qui avaient de l'imagination cherchaient à deviner quel serait le dénoûment de ce drame. Et voyez ! la partie féminine de la tribu Richard eut comme une vague intuition de la vérité ; les femmes sont bien fortes en ces circonstances, parce qu'elles ne sont jamais arrêtées par les limites du possible et du vraisemblable. — La tante Noton, Sophie Des Baliveaux, madame Des Jardins et Augusta Massonneau aîné, eurent en même temps la même idée. Cette idée se développa dans leur esprit comme un champignon, d'autant plus rapidement qu'elle était plus absurde. Ces dames imaginèrent une sorte de hideux contrat, par lequel Des Garennes aurait cédé sa femme à Peter Bristol, cela tout simplement et sans trop y trouver à redire.

— On aurait pu, fit observer seulement madame Des Jardins, qui avait le sentiment des convenances, — on aurait pu faire la chose sous le manteau.

— Quoi donc, petite mère mignonne? demanda Trésor curieusement.

Augusta, Sophie et Noton échangèrent

des sourires pincés, tandis que madame Des Jardins baisait le front candide de Trésor en murmurant :

— Tu ne comprendrais pas cela, toi qui es pure comme les anges du ciel !

Nous n'avons jamais caché que petite mère mignonne était un peu bas-bleu. Trésor fit la moue ; sa pureté angélique la gênait ; elle eût mieux aimé savoir.

Ces messieurs se carraient sur les brillants fauteuils et n'avaient d'yeux que pour la châtelaine. Personne n'allaient s'occuper de Des Garennes, tombé en enfance, de la vieille maman Richard ni des deux jeunes gens. Je ne sais pas si on leur avait donné ce simple bonsoir que la bouche laisse échapper par habitude. Seule, Trésor, le cher petit cœur, aurait bien voulu aller mettre sa robe de soie toute fraîche et toute neuve auprès de la robe d'indienne de sa cousine ; mais madame Des Jardins ne trouva point cela convenable, et son époux sanctionna ses répugnances par un : Positif! extrêmement péremptoire.

— C'est égal, disait Du Taillis, — j'ai, surqueurbleu ! mon franc parler, ici comme ailleurs.

— Quand le grand Lama n'y est pas, interrompit Pain-Sec.

— Essaie de mordre, pauvre roquet sans dents, repartit le nourrisseur, — tu n'as plus le sou et je paie toujours quatre mille francs d'impôts au percepteur de Vire. — Je disais donc que ça m'offusque, moi, de voir cette femme-là, parée comme le bœuf gras. Des Garennes avait du bon!

— Je pense, interrompit Du Guéret séchement, qu'on ne nous a pas fait venir ici pour le roi de Prusse?

La porte s'ouvrit; tout le monde se leva en sursaut. Ce n'était que le bon La Luzerne qui entrait d'un air surévaporé.

— En croirai-je mesyeux! s'écria-t-il en

mettant son lorgnon à cheval sur son nez;
— tous nos parents réunis dans cet opulet asile ! Bonsoir, Massonneau, ma vieille. Pas mal et vous ? Figurez-vous qu'on est venu me chercher au milieu du petit souper le plus fin ! Six couverts de sexes différents et assortis... Salut, cheveux jaunes : il y a maintenant des préparations chimiques pour teindre la filasse. Vénérable Des Jardins, je t'offre l'expression de mes sentiments les plus distingués.

— Ma femme, murmura Massonneau aîné à l'oreille d'Augusta, ton avis n'est-il pas que La Luzerne a trop bu ?

Augusta s'y connaissait ; elle fit à son époux un signe de tête affirmatif.

Madame Des Jardins ne perdait aucune occasion de perfectionner l'excellente éducation de sa fille.

— Trésor, disait-elle, — les Spartiates montraient à leurs enfants des esclaves pris de vin, pour les dégoûter de l'ivrognerie. Regarde cet homme !

— Il est drôle, repartit Trésor ; mais c'est ma tante Noton qui aurait bien voulu être esclave à Sparte !

— Pends-toi, La Luzerne ! s'écria Des Jardins enthousiasmé. — A l'âge de seize ans, ma fille a dit un mot plus spirituel que tous les calembourgs du marquis de Bièvre !

— Sûr et certain ? demanda La Luzerne : — le marquis de Bièvre est vieux comme Hérode ; il vivait avant le déluge ! Moi, je fais deux cents calembourgs par semaine : tous ceux qui font rire dans les vaudevilles sont à moi ; les auteurs me les volent, mais ça m'est bien égal.

Cet aimable viveur traversait la foule des Richard d'un pas mal mesuré, lorsque ses yeux tombèrent sur la châtelaine. Il s'y prit à deux fois pour la regarder, puis il s'avança vers elle en riant de tout son cœur.

— A la bonne heure ! s'écria-t-il en l'abordant ; — ma lettre a fait son effet : bonsoir, cousine !

Madame Des Garennes le salua cérémonieusement.

— Parbleu ! reprit La Luzerne qui se grisait de plus en plus en parlant, — nous n'avons pas perdu nos royales façons. Majesté, vous êtes encore assez bien couverte !

Tous les yeux étaient fixés sur le sofa. Cette scène amusait prodigieusement les Richard. On ne remarqua point qu'une porte s'était ouverte sans bruit dans le coin même où les Des Garennes s'étaient mis à l'écart. Un homme entra sans être aperçu et resta immobile sur le seuil.

— Dites donc, cousine, reprenait en ce moment La Luzerne, — savez-vous que vous avez les yeux tout chose ? Est-ce que vous avez bien soupé, vous aussi ?

La tribu Richard éclata de rire ; on examina plus attentivement madame Des Garennes, et l'étrange expression qui était sur sa physionomie frappa tous les yeux à la fois.

— Cela ne serait pas impossible, dit charitablement la tante Noton qui, cependant, avait encore le cachemire sur ses épaules; — le dernier jour, elle me fit rester à table après que tout le monde fut parti. Elle avait des dispositions...

— Le dernier jour, répéta La Luzerne, — le jour où je fis mon mot sur les Caractères de la Bruyère... Mais voyez donc, s'interrompit-il, voyez donc comme la cousine me regarde, elle me fait peur!

Les yeux fixes et grands ouvert de la châtelaine s'attachaient en effet sur lui.

— Monsieur, dit-elle d'un accent bref

et hautain, vous m'avez rendu service en écrivant cette lettre. Je ne songe pas à le nier, et avant de partir je vous laisserai des marques de ma générosité.

— Qu'est-ce qu'elle chante? fit La Luzerne; — partir...

Noton, Sophie, Augusta et madame Des Jardins écoutaient avidement.

— Où donc allez-vous comme ça, cousine? reprit le meilleur vivant de tous les Richard.

Madame Des Garennes changea de couleur. On eût dit qu'elle cherchait à ressaisir une idée rebelle ; elle passa la main sur son front et dit en se parlant à elle-même :

— Pourquoi a-t-il laissé entrer ici tous ces gens ?

La Luzerne pirouetta sur ses talons.

— Il n'y avait pas de mal à boire un coup pour vous donner du courage, prononça-t-il en homme sûr de son fait ; — mais vous avez dépassé la mesure, cousine. Ce n'est pas la tante Noton qui se mettrait dans des états pareils !

Dans son coin, Des Garennes était tout pâle et ses poings fermés se crispaient sur ses genoux.

— Elle porte mon nom, disait-il à maman Richard qui essayait de le calmer. — Je ne peux pas la laisser outrager ainsi !

— Dites un mot, mon oncle, s'écria Roland, bouillant de colère, et je vais jeter ce plat coquin par la fenêtre !

L'homme qui était debout sur le seuil, derrière eux, avait écouté d'un air impassible la scène entre La Luzerne et la châtelaine. Malgré lui son regard semblait attiré vers la vieille dame Richard dont le visage restait caché pour lui par les ailes de sa coiffe de paysanne. Deux ou trois fois il avait fait un mouvement comme pour s'avancer, mais toujours il s'était contenu.

Roland, joignant le geste à la parole, fit un pas en avant, sans attendre la réponse de M. Des Garennes. Il sentit une main qui le retenait fortement.

— Tu aurais dû me laisser venir toute seule, disait en ce moment la vieille mère; — ils auraient pu m'humilier tant qu'ils auraient voulu moi qui suis habituée à souffrir.

Elle tressaillit et poussa un cri. Quelqu'un lui prenait la tête à pleines mains par derrière et l'embrassait avec une sorte de folie.

— Que fais-tu, Roland? dit-elle étonnée ; — oublies-tu le lieu où nous sommes, enfant ?

On l'embrassait toujours ; elle ne pouvait pas se retourner.

— Il a donc perdu l'esprit! s'écria la bonne femme fâchée.

On la dévorait de baisers.

Les Richard essayaient de voir, mais ne distinguaient point les détails de cette scène, car le pauvre groupe était dans l'ombre. — M. Des Garennes, d'ailleurs, venait de se lever tout tremblant ; Camille et Roland entouraient leur grand'mère et la cachaient. Ils étaient émus tous les deux jusqu'à l'angoisse et un pressentiment leur faisait tressaillir le cœur.

— Ce n'est pas Roland ! dit la vieille femme stupéfaite en voyant son petit-fils devant elle ; — Il n'y a que Roland pour m'embrasser ainsi... Roland et lui !

Elle se dégagea par un effort suprême ;

il y avait derrière elle un homme qui tomba sur ses genoux.

— Jean ! mon fils Jean dit-elle en un cri sublime.

Elle se jeta sur lui et ajouta parmi ses baisers :

— J'ai revu mon fils Jean! mon Dieu, je puis mourir contente!

Il y eut un grand silence dans le salon. Une sorte de choc électrique parcourut les rangs des Richard. La châtelaine se leva à demi et resta ainsi, les deux poignets raidis sur les bras de son fauteuil. Roland n'osait croire à ce qu'il entendait. Des Garennes avait la tête courbée sur sa poitrine et se reculait d'instinct, comme s'il eût voulu s'abriter derrière les deux jeunes gens.

— Mon fils, mon fils, mon fils ! répétait maman Richard affolée ; — Thomas, c'est ton frère ! Roland, c'est ton père ! Oh ! tu les aimes bien, n'est-ce pas, mon Jean !

Jean attira Roland contre son cœur et le tint embrassé dans la même étreinte que sa mère.

Un murmure naissait de l'autre côté du

salon et s'enflait rapidement. Les Richard s'ébranlèrent en corps comme une armée. Il n'y avait en eux jusqu'à ce moment qu'une indicible surprise : on entendait de toutes parts le nom de Jean et le fameux sobriquet de *mauvais sujet*. La première parole que Jean, le mauvais sujet, prononça fut le nom de sa mère, jeté entre deux baisers. A ce mot, chacun dressa l'oreille.

— Qui donc a parlé? s'écria-t-on.

Et les têtes curieuses se penchèrent, tandis que La Luzerne, plus hardi, s'emparait de la lampe pour éclairer le groupe Des Garennes. La châtelaine s'était levée tout à fait à la voix de Jean Richard. Elle traversa le salon dans sa longueur, écartant la foule à droite et à gauche ; elle arriva ainsi la première en face du groupe, composé de la vieille dame, de Roland et de Jean, le mauvais sujet. A ce moment, la lampe apportée par La Luzerne éclaira vivement le visage de Jean Richard. La châtelaine porta la main à son front, comme si un coup violent l'eût frappée.

— Peter Bristol! dit-elle.

Puis elle tomba comme morte sur le parquet.

— Peter Bristol! répéta le chœur des Richard.

Roland et son oncle prirent la châtelaine pour la porter sur un siége. Camille lui fit respirer des sels. — Elle ne donnait aucun signe de vie ; elle avait été foudroyée. Jean Richard, le frère de son mari ! cet homme à qui, tout à l'heure, elle avait montré l'abîme de sa conscience !

Nous n'avons pas besoin de dire que les Richard ne s'occupaient point d'elle.

— Eh pardieu ! oui, s'écria La Luzerne le premier, c'est Peter Bristol, sans barbe ! et c'est Jean, notre cousin... Comment va, cousin Jean ?

Le reste de la tribu, qui n'avait pas

soupé, ne put prendre aussi gaillardement la chose. Les dames jouaient de l'éventail avec fureur; les hommes cherchaient en vain à garder contenance. Quelques-uns avaient essayé d'abord de se réfugier dans le doute; mais il y a des gens qui vieillissent peu, et le mauvais sujet était de ce nombre. Depuis qu'il avait coupé sa barbe, on ne pouvait plus s'y méprendre : c'était bien Jean Richard, tel que tous ses cousins l'avaient connu.

Jean Richard, qui s'appelait Peter Bristol; Jean Richard, qui était trente ou quarante fois millionnaire; Jean Richard, qui avait des comptoirs dans l'Inde, aux Antilles, en Afrique, en Chine, et jusque chez l'iman de Mascate.

— Ma chère, murmura Noton à l'oreille d'Augusta, — cette Julie a toujours plus d'esprit que les autres ! Il n'y avait qu'une chose à faire, c'était de s'évanouir.

— Saqueurbleu ! grondait Du Taillis, — ça me rend bête, moi, cette histoire-là !

Le petit veuf relevait ses cheveux jaunes pour se mettre les oreilles en sang ; Massonneau restait en arrêt sur sa femme, prêt à faire n'importe quoi au premier signal ; chacun se disait que ce premier moment était décisif, et que le plus heureux ou le mieux inspiré regagnerait d'un coup la position perdue.

— Jean ! cria l'artiste, qui était parvenu à se glisser en avant, — je n'ai point d'enfants. C'était pour toi que j'amassais mes pauvres économies. Te souviens-tu comme je te donnais des pièces de six liards, autrefois ?

Ceci n'était point mal ; le grand Lama se prit à sourire. — Si la tribu Richard avait pu étrangler Pain-Sec en ce moment, elle eût été bien contente. Que de remords ! Si seulement chaque membre avait eu la bonne idée de remettre un louis ou deux à Stephen Williams pour le mauvais sujet !— Mais non, rien que des injures !

— Farceur d'artiste ! s'écria La Luzerne.

— Vous ne vous attendiez pas à cette bonne aubaine, mon cousin Jean !

Il avait beau être gris, il n'osait pas tutoyer le grand Lama.

— Tâche de te couler jusqu'à lui, dit l'ancienne Titine à l'oreille de son innocent époux ; — nous étions du même âge et je lui donnais le déchet de mes pommes.

Massonneau aîné partit comme un trait; mais il fut prévenu par la famille Des Jardins, qui traversa les rangs solennellement et vint se grouper parmi les Des Garennes.

— Mon cher et bon cousin, dit petite mère mignonne avec aplomb, — mon mari et moi, nous cherchions depuis quelques jours une occasion pour vous envoyer un souvenir en Amérique.

— Ah! la coquine! fit Noton suffoquée.

— Nous avions pris au sérieux, poursuivit posément madame Des Jardins, — ce qu'on nous avait dit de votre prétendue misère... et c'eût été donner un démenti à toute notre vie que de ne point venir au secours d'un parent malheureux.

— Incontestable! murmura Des Jardins,

renversé par l'éloquence de sa femme.

— Avance, Trésor, reprit petite mère mignonne, en donnant à sa voix des inflexions de voix caressantes.

Trésor s'avança toute droite, la bouche en cœur, les yeux baissés, un petit paquet à la main.

— Permettez qu'en ce jour dit-elle — je dépose à vos pieds cet hommage...

— Sincère, ajouta madame Des Jardins.

— Sincère, répéta Trésor.

La phrase était d'autant mieux appropriée que l'hommage consistait en pantoufles commencées pour le pauvre Des Garennes!

Jean Richard, il faut le dire, ne semblait pas faire grande attention aux efforts tentés par la tribu pour regagner son cœur. Il avait toujours une de ses mains dans les mains de sa mère; son regard cherchait son frère et Roland, qui étaient restés auprès de la châtelaine. Il prit le paquet que lui offrait Trésor et la remercia d'un signe de tête, tandis qu'un long murmure grondait dans les rangs jaloux de la tribu.

— Ces méchantes savates, dit Sophie Des Baliveaux, — vont valoir au petit monstre quatre ou cinq cent mille francs de dot !

La voix de madame Des Garennes s'éleva tout à coup, si changée que beaucoup ne la reconnurent point.

— Ne me dénoncez pas ! disait-elle d'un accent épouvanté, — ne me dénoncez pas, je vous en prie !

On la vit se débattre, entre les bras de son mari et de Roland ; — elle leur échappa, fendit la presse et vint se blottir derrière le fauteuil de maman Richard. Sa voix affaiblie et déjà essoufflée répétait :

— Ne me dénoncez pas ! ne me dénoncez pas !

Tout le monde se sentit froid dans les veines, car tout le monde devinait. Le silence qui suivit eut quelque chose de solennel.

Des Garennes était revenu sur les pas de

sa femme; il se trouva en face de Jean Richard.

— Quand donc vous embrasserez-vous, mes enfants? dit la vieille femme insatiable de bonheur.

Jean Richard tendit ses bras le premier ; Des Garennes, qui avait de grosses larmes dans les yeux, allait s'y précipiter, lorsque la châtelaine sortit brusquement de sa cachette et vint se dresser entre eux deux. Elle les regarda tour à tour. Tout son sang lui monta au visage, puis ses joues se couvrirent d'une pâleur livide.

— Ne ne me dénoncez pas! dit-elle encore.

Puis, saisissant le bras des deux frères, elle ajouta confidentiellement:

— On me mettrait en prison, parce que j'ai deux maris.

Jean détourna la tête; Des Garennes baissa les yeux.

— Deux maris, poursuivit la folle, tandis qu'un sourire cherchait à naître sur ses lèvres flétries, — un ici, l'autre en Amérique... Ils sont frères... Je ne les aime ni l'un ni l'autre.

Sur ce dernier mot, elle eut un brusque et convulsif éclat de rire. Puis ses traits se décomposèrent, et Des Garennes fut obligé de la soutenir dans ses bras.

— Dieu s'est chargé de la punir ! prononça Jean Richard d'une voix lente et triste. . . . .
. . . .

Le salon de Peter Bristol était brillamment éclairé. Il était assis devant la cheminée entre sa mère et son frère ; Roland et Camille, debout auprès d'eux, se tenaient par la main. — A l'un des angles de la cheminée, il y avait un groupe, composé de trois personnes dont deux portaient le costume villageois et l'autre l'habit militaire : vous eussiez reconnu le bon Morin et Toinette, accompagnée de Pierre Tassel.

A l'entour, la tribu Richard formait un grand cercle : on n'en avait point encore fini avec elle.

— Mon Dieu oui, disait Peter Bristol, — je suis riche à peu près autant que vous pouvez le penser. Pierre, mon ami, tu n'es plus soldat. Epouse Toinette, et je serai le parrain de votre premier enfant.

Pierre ne savait comment exprimer sa reconnaissance et sa joie. Toinette chuchotait à l'oreille de Morin en extase :

— En était-ce un, là, quand je disais !...

Peter Bristol tira de son sein un portefeuille, et du portefeuille quatre billets de mille francs.

— Voilà ce que m'ont donné ma mère et mon fils, dit-il avec une joie orgueilleuse. — J'ai une bonne mère, j'ai un bon fils, et je ne sais pas ce que j'ai fait pour mériter tant de bonheur !

— Va, le pauvre Thomas t'aimait bien aussi !... commença maman Richard.

Jean prit la main de son frère. Il y avait dans ses yeux une émotion profonde.

— Ne le sais-je pas ! s'écria-t-il. — Thomas aussi m'avait donné de l'argent autrefois ; mais le don de mon frère, je ne l'ai plus pour le joindre au don de ma mère et au don de mon fils. Thomas, j'ai mis ton argent dans mon commerce, et tu as sur le grand livre de Peter Bristol un compte que tu ne connais pas.

Ceci intéressait les Richard plus que tout le reste. C'était le vrai nœud de la question : l'argent ! — Et les Richard ne pouvaient s'empêcher de songer à une circonstance presque semblable où des paroles anologues avaient été prononcées.

C'était au conseil de famille. Des Garennes, ou plutôt sa femme, avait dit en parlant des mille francs de Roland : « Nous les avons mis dans notre commerce. » Et quelles louanges enthousiastes avaient éclaté de toutes parts quand on avait appris que ces mille francs s'étaient doublés en vingt années! O probité!

— Je ne peux pas te dire au juste le montant de ton compte, reprit Jean Richard en souriant; — mais il est assez rond pour que tu puisses payer tes dettes, racheter ton château, racheter ton hôtel et planter ta maison au premier rang, si tu as fantaisie de continuer le commerce.

Les Richard étouffaient. — On ne comptait pas les intérêts chez Peter Bristol au même taux que dans la maison Des Garennes. Il s'agissait ici de millions.

Les Richard allaient être payés, c'est vrai ; mais cet immense bonheur qui tombait sur le cousin Thomas empoisonnait leur allégresse.

— Mon frère, dit encore Jean Richard, —j'ai tenté sur ces deux enfants-là une rude épreuve ; j'ai vu le fond de leur âme ; je ne sais plus lequel j'aime le mieux, de mon fils ou de ta fille. Tu as donné d'avance ton consentement à leur union ; nous resterons tous ensemble, et si nous avons quelque tristesse en regardant le passé, nous nous consolerons auprès de leur bonheur.

Il se leva et fit un signe, en prenant le

bras de sa mère, rajeunie de dix ans. Il salua sommairement la tribu, qui assista courbée en deux à son départ. Des Garennes, Roland et Camille le suivirent ainsi que le papa Morin et ses enfants.

— Allons! dit La Luzerne, — c'est peut-être comme cela qu'on met les gens à la porte en Amérique. Je vais achever de souper.

— Il a laissé les pantoufles de Trésor sur le fauteuil! fit observer madame Des Jardins avec mélancolie.

— Trop vrai dit Des Jardins, — fâcheux au possible!

— Saqueurbleu ! saqueurbleu ! pleurait Du Taillis, — qui aurait pu s'attendre à cela !

—Eh bien, moi, si j'étais homme, s'écria Noton, — ça ne se passerait pas ainsi !

— Le fait est, appuya Sophie Des Baliveaux, — qu'à moins de prendre un balai pour mettre les gens dehors...

— Malheureusement positif ! approuva Des Jardins.

— Messieurs, dit le petit veuf en posant

son chapeau gris de travers sur ses cheveux jaunes, — je sais bien qui ne remettra plus les pieds ici!

— Je secoue la poussière de mes souliers, ajouta Pain-Sec avec un geste stoïque.

— Et moi, saqueurdienne! s'écria le nourrisseur, — je permets bien au portier de cette maison d'oublier ma figure! Avec trente-cinq bonnes mille livres de rentes au soleil, on se moque pas mal de leurs manières.

Ces dames parlèrent dans le même sens.

Elle était fière, la tribu Richard! Aucun de ses membres n'eût la lâcheté de dire un mot pour excuser l'insolence du grand lama. On convint à l'unanimité de fuir comme la peste le cousin d'Amérique, et un arrêt solennel lui infligea, séance tenante, la suprême injure de cette épithète : PARVENU !

Mot dont les trois syllabes font venir toujours l'amertume à la bouche et qui ne s'écrit qu'avec du fiel, mot qui contient à lui seul plus de haines, plus de jalousies, plus de petitesses et plus de bassesses que tout le reste du dictionnaire français.

Grand mot dans son acception littérale,

mais qui s'applique tristement : — le plus souvent clameur de ce glapissant et sordide troupeau des envieux ; — vengeance de vaincu, morsure de reptile écrasé !

Cependant, la virile Augusta, qui avait crié un peu plus haut que les autres, sortit la dernière, appuyée sur le bras de son Massonneau. Elle dit à ce modèle des anciens avoués :

— Tout cela ne signifie rien. Tu viendras demain matin, de bonne heure, savoir des nouvelles de Jean Richard.

Massonneau aîné revint le lendemain, il trouva dans l'antichambre du parvenu la tribu tout entière, qui avait été plus matinale que lui. La nuit porte conseil.

Ce parvenu de Peter Bristol peut tout avec ses millions. Tout, — hormis une seule chose. Cette chose qui lui résiste éternellement, c'est le respect dévoué, tendre et chevaleresque de la tribu Richard.

FIN.

TABLE DES CHAPITRES.

—

Chap. XVII. — Peter Bristol.   1
— XVIII. — La lettre 55
— XIX. — La dernière ressource. . . . 115
— XX. — A Paris. 167
— XXI. — Où l'on parle d'amour. . . . 211
— XXII. — Le Parvenu. 249

Fin de la table.

Fontainebleau, imp. de E. Jacquin.

DERNIÈRES NOUVEAUTÉS TERMINÉES

LES ÉTUVISTES
Par Charles PAUL DE KOCK, 8 vol., 40 francs.

LA SŒUR DES FANTOMES
Par PAUL FÉVAL, 3 vol., 12 fr.

LES VALETS DE CŒUR
Par XAVIER DE MONTÉPIN, 3 vol., 13 fr. 50 cent

LE NEUF DE PIQUE
Par madame la comtesse DASH, 6 vol., 24 fr.

MADEMOISELLE DE CARDONNE
Par A. DE GONDRECOURT, 3 vol., 13 fr. 50 c.

UN GRAND COMÉDIEN
Par le marquis DE FOUDRAS, 3 vol., 13 fr. 50 cent.

LE BEAU COUSIN
Par MAXIMILIEN PERRIN, 2 vol., 8 fr.

LA FILLEULE
Par GEORGE SAND, 4 vol. 20 fr.

LE COUREUR DES BOIS
Par GABRIEL FERRY, 7 vol., 28 fr.

SOUS TROIS ROIS
Par ALEX. DE LAVERGNE, 2 vol., 9 fr.

LE CAPITAINE SIMON
Par PAUL FÉVAL, 2 vol., 8 fr.

GILBERT ET GILBERTE
Par EUGÈNE SUE, 7 vol., 35 fr.

LES PRÉTENDANTS DE CATHERINE
Par A. DE GONDRECOURT, 5 vol., 22 fr. 50 cent.

LA COMTESSE DE CHARNY
Par ALEXANDRE DUMAS, 15 vol., 82 fr. 50 c.

LES MAITRES SONNEURS
Par GEORGE SAND, 4 volumes, 20 francs.

MÉMOIRES D'UN MARI
Par EUGÈNE SUE, 4 vol., 20 fr.

LE PASTEUR D'ASHBOURN
Par ALEXANDRE DUMAS, 8 vol., 40 fr.

LES AVENTURES DU PRINCE DE GALLES
Par LÉON GOZLAN, 5 vol., 20 fr.

LE VEAU D'OR
Par FRÉDÉRIC SOULIÉ, 10 volumes, 45 francs.

LES PRINCES D'ÉBÈNE
Par G. DE LA LANDELLE, 5 vol., 20 fr.

Il faut que Jeunesse se passe
Par ALEX. DE LAVERGNE, 3 vol., 13 fr. 50 c.

CHRONIQUES DE TROIS REINES
Par X. SAINTINE, 2 vol., 9 fr.

MONT-REVÊCHE
Par GEORGE SAND, 4 vol., 20 fr.

LA MARQUISE CORNELIA D'ALFI
Par EUGÈNE SUE, 2 vol., 10 fr.

CONSCIENCE
Par A. DUMAS, 5 vol., 25 fr.

UN MONSIEUR TRÈS TOURMENTÉ
Par Ch. PAUL DE KOCK, 2 vol., 10 fr.

Salkar-le-Rouge
Par G. DE LA LANDELLE, 5 vol., 20 fr.

FAUSTINE ET SYDONIE
Par madame CH. REYBAUD, 3 vol., 13 fr. 50 c.

AVENTURES DU CHEVALIER DE PAMPELONNE
Par A. DE GONDRECOURT, 5 vol., 22 fr. 50 c.

LE CHEVALIER D'ESTAGNOL
Par le marquis DE FOUDRAS, 6 vol., 27 francs.

LE SULTAN DU QUARTIER
Par MAXIMILIEN PERRIN, 2 v., 8 fr.

Fontainebleau, imprimerie de E. Jacquin.

LA COMTESSE DE CHARNY

Suite d'aime Prise et complément des *Mémoires d'un médecin*

PAR ALEXANDRE DUMAS

Ouvrage inédit et terminé. — 15 volumes.

LA RÉGENCE D'ANJOUBOURG

Par LE MÊME. — *Ouvrage terminé.* — 8 volumes.

OLYMPE DE CLÈVES

Par LE MÊME. — 9 volumes.

CONSCIENCE

Par LE MÊME. — 5 volumes.

CATHERINE BLUM | UNE VIE ARTISTE
Par LE MÊME — 2 vol. in-8. | Par LE MÊME — 2 vol. in-8.

VIE ET AVENTURES DE LA PRINCESSE DE MONACO

Par LE MÊME. — 5 volumes.

Impr. de E. Dépée, à Sceaux.

www.ingramcontent.com/pod-product-compliance
Lightning Source LLC
Chambersburg PA
CBHW071522160426
43196CB00010B/1612